CE QUE LES HOMMES APPELLENT AMOUR

DU MÊME AUTEUR
CHEZ LE MÊME ÉDITEUR

Dom Casmurro
L'Aliéniste
Esaü et Jacob
La Montre en or
Mémoires posthumes de Brás Cubas
Le Philosophe ou le chien (Quincas Borba)
La Théorie du médaillon et autres contes

J.-M. MACHADO DE ASSIS

CE QUE LES HOMMES APPELLENT AMOUR

Traduit du brésilien
par Jean-Paul Bruyas

Traduit avec le concours
du Centre National du Livre

SUITES
Éditions Métailié
5, rue de Savoie, 75006 Paris
www.editions-metailie.com
2007

Titre original : *Memorial de Aires*, Rio, 1908

ISBN : 978-2-86424-609-1
ISSN : 1281-5667

J.-M. Machado de Assis (1839-1908) est né à Rio, d'un père noir descendant d'esclave et d'une mère portugaise. Il est également mort dans cette ville. Après avoir exercé une multitude de métiers, dont typographe à l'Imprimerie nationale, il devient le plus grand auteur brésilien du XIXe siècle. En 1897, il crée l'Académie littéraire brésilienne. Auteur prolifique au regard cynique et ironique, il est le maître pour déjouer les apparences des faits et débusquer la folie. La société du Rio fin de siècle apparaît sur fond d'absurde.

Em Lixboa, sobre lo mar,
Barcas novas mandey lavrar..

Cantiga de JOHAM ZORRO

Para veer meu amigo
Que talhou preyto comigo,
Alá vou, madre.
Para veer meu amado
Que mig'a preyto talhado,
Alá vou, madre.

Cantiga d'el-rei DOM DENIS.

1888

9 janvier

Eh bien, voilà donc aujourd'hui un an que je suis rentré d'Europe. Ce qui m'a remis en mémoire cette date, pendant que je prenais mon café, c'est le cri d'un vendeur de balais et de plumeaux : "À mes balais ! À mes plumeaux !" Les autres matins aussi je l'entends, mais cette fois il m'a rappelé le jour où j'ai débarqué, le jour où j'ai retrouvé mon pays, mon quartier du Catete, la langue qui est la mienne. Le même cri, oui, qu'il y a un an, en 1887, et peut-être lancé par la même bouche.

Au cours des mes trente et quelques années de service diplomatique, j'étais bien revenu quelquefois au Brésil, en congé. Mais tout le reste du temps – ce qui n'est pas peu – j'avais vécu à l'étranger. Si bien que j'ai d'abord craint de ne pas me réhabituer à la vie d'ici. Et puis cela s'est fait. Bien sûr, je garde le souvenir de gens et de choses qui maintenant sont loin, divertissements, paysages, usages, mais je ne me consume de nostalgie pour rien. C'est ici que j'ai ma place, ici que je vis, ici que je mourrai.

Cinq heures de l'après-midi

Je viens de recevoir un billet de ma sœur Rita : je le joins à ce cahier :

9 janvier

Mon frère,

Je viens seulement de me rappeler qu'il y a juste un an tu rentrais d'Europe, ta retraite prise. Il est trop tard pour aller au cimetière de Saint-Jean-Baptiste sur la tombe de notre famille, en action de grâces pour ton retour ; j'irai demain ; je te demande de m'attendre et de m'accompagner. Il me tarde de te revoir.

Ta vieille sœur, Rita

Voilà qui ne s'impose guère, à mon avis, mais j'ai répondu oui.

10 janvier

Nous sommes allés au cimetière. Nulle tristesse dans ce qui nous amenait, et pourtant Rita n'a pu retenir quelques larmes, comme toujours, devant la tombe où repose son mari tant regretté, aux côtés de mon père et de ma mère. Elle l'aime encore, aujourd'hui comme au jour où elle l'a perdu, voilà tant d'années déjà. Dans le cercueil du défunt elle avait fait placer une mèche de ses cheveux ; ils étaient noirs en ce temps-là ; les autres, sur cette terre, ont peu à peu blanchi.

Il n'est pas mal, notre tombeau ; on pourrait certes le souhaiter un peu plus simple – une inscription, une croix – mais tel qu'il est, il a belle allure. Je lui ai trouvé l'air trop neuf ; ça oui. Rita le fait nettoyer tous les mois, ce qui l'empêche de vieillir. Or, je pense qu'un tombeau ancien remplit mieux son office s'il porte la marque sombre du temps, par quoi toute chose s'use. Sans cela, il paraît toujours dater de la veille.

Rita est restée quelques minutes en prière pendant que je regardais alentour les tombes voisines. Presque toutes portaient gravée, comme la nôtre, l'exhortation traditionnelle : "Priez pour lui ! Priez pour elle !" Un peu plus tard, en chemin, Rita m'a confié qu'elle a pour habitude de répondre à ces demandes et de prier pour tous ceux qui sont là. Peut-être est-elle seule à le faire. C'est un être plein de bonté que ma sœur, et de gaieté tout autant.

Quant au cimetière dans toute son étendue, il m'a laissé la même impression que tous ceux qu'il m'a été donné de voir : celle d'une universelle immobilisation. Les gestes des statues, anges ou autres personnages, étaient variés mais figés. Seuls quelques oiseaux, se poursuivant ou se posant sur les branches, pépiant et gazouillant, mettaient une note de vie. Les arbustes, eux – feuillage vert et fleurs – n'étaient que silence.

En sortant, et comme nous allions déjà passer le portail, j'ai parlé à ma sœur d'une dame que j'avais aperçue pendant qu'elle-même priait. Elle se tenait debout devant une autre tombe, à gauche de notre croix. Jeune, en deuil, elle paraissait prier elle aussi, dans une attitude d'abandon et de recueillement. Son visage ne m'était pas étranger, mais je ne parvenais pas à la reconnaître. Une belle femme, en tout cas, charmantissime, comme j'avais entendu dire en Italie à propos d'autres beautés.

– Où l'as-tu vue ?

J'ai indiqué l'endroit. Rita a voulu voir qui cela pouvait être. Ma sœur n'est pas seulement bonne, elle est curieuse aussi, sans toutefois mériter sur ce point un superlatif romain. J'ai suggéré que nous attendions la dame là où nous nous trouvions, près du portail.

– Non, elle peut s'attarder, allons l'observer à distance. Elle est vraiment jolie ?

– C'est ce qui m'a semblé.

Nous avons fait demi-tour et, par une allée entre les tombes, nous nous sommes rapprochés, de l'air le plus naturel. Bientôt Rita s'est arrêtée :

– Mais oui, tu la connais. Tu l'as déjà vue chez moi, il n'y a pas si longtemps.

– Qui est-ce ?

– La veuve Noronha. Partons, avant qu'elle ne nous aperçoive.

Maintenant en effet je me souvenais, encore que vaguement, d'une dame venue en visite à Andaraï, que Rita m'avait présentée et avec qui j'avais bavardé quelques instants.

– Veuve d'un médecin, n'est-ce pas ?

– Exactement ; et fille d'un grand propriétaire terrien de la vallée du Paraïba du Sud*, le baron de Santa-Pia.

Sur ce, la veuve a paru vouloir s'en aller. Elle a d'abord regardé autour d'elle, comme pour voir si elle était seule. Peut-être désirait-elle baiser la pierre tombale, le nom gravé de son mari ; mais il y avait des gens alentour, sans compter deux fossoyeurs portant arrosoir et pioche, qui discutaient d'un enterrement de la matinée. Ils parlaient fort, et l'un d'eux se moquait de son compagnon : "Un pareil, tu le montais jusqu'ici, peut-être ? À quatre comme toi, oui !" Il s'agissait évidemment d'un cercueil trop lourd, mais je ne les ai pas écoutés longtemps, tout occupé à nouveau de la veuve qui s'éloignait lentement, sans se retourner. Gêné par la masse d'un mausolée, je ne l'ai vue ni plus ni mieux que la première fois. Elle a descendu l'allée jusqu'au portail ; un tramway passait, elle y est montée. Nous sommes sortis derrière elle et revenus en ville par le tramway suivant.

Rita s'est mise alors à me parler de la jeune femme, de sa vie, du grand bonheur qu'elle avait connu auprès de son mari, enterré ici deux ans auparavant. Leur vie commune avait été bien brève. Sur ce, je ne sais quelle inspiration maligne m'a fait risquer cette réflexion :

---

* Le Paraïba du Sud (ainsi défini pour le distinguer d'un fleuve homonyme, le Paraïba do Norte) se jette dans l'Atlantique au nord de Rio de Janeiro. Sa vallée a été, au Brésil, la première zone de culture du café. *(Toutes les notes sont du traducteur.)*

– Cela ne veut pas dire qu'elle ne se remariera pas un jour.

– Elle? Non!

– Qu'en sais-tu?

– Non, elle ne se remariera pas. Il suffit de savoir comment ils se sont connus, comment ils ont vécu et combien elle a souffert quand elle l'a perdu.

– Cela ne veut rien dire, elle peut fort bien se remarier; pour se remarier, il suffit d'être veuve.

– Mais moi, je ne l'ai pas fait.

– Toi, c'est autre chose, tu es unique.

Ma sœur a souri, m'a lancé un regard désapprobateur, en hochant la tête, l'air de me dire: "Tu es un vaurien." Puis elle est vite redevenue sérieuse, parce que le souvenir de son mari la remplissait d'une vraie tristesse. J'ai relancé la discussion sur la veuve. Rita, consentant à donner un tour plus gai à la conversation, m'a invité à voir si la veuve Noronha m'épouserait; quant à elle, elle pariait que non.

– M'épouser, moi? Avec mes soixante-deux ans?

– Tu ne les parais pas; tu es si vert qu'on t'en donnerait trente.

Nous sommes bientôt arrivés chez moi, et Rita est restée déjeuner. Avant de passer à table, nous avons encore parlé de la veuve et du mariage, et elle a réitéré son pari. À quoi je lui ai répondu, en me souvenant de Goethe:

– Ma chère sœur, tu es en train de me lancer le même genre de défi que celui de Dieu à Méphistophélès; tu connais l'histoire?

– Non.

Je suis allé prendre sur un rayon de ma petite bibliothèque le volume du *Faust*, l'ai ouvert à la page du Prologue dans le Ciel, que je lui ai lue en résumant de mon mieux la situation. Rita a écouté attentivement le défi que se lancent

Dieu et le diable au sujet de Faust, le serviteur du Seigneur, que le Malin prétend conduire infailliblement à sa perte. Rita n'a pas beaucoup de lettres, mais de la finesse et, pour l'heure, elle avait surtout faim.

– Allons déjeuner. Je ne veux rien savoir de ce prologue, ni d'aucun autre. Je répète ce que j'ai dit ; à toi de voir si tu es capable de rebâtir ce qui présentement est détruit. Allons déjeuner.

Nous y sommes allés. À deux heures, Rita est repartie pour Andaraï, je suis venu écrire ces lignes et vais faire un tour en ville.

12 janvier

En rapportant ma conversation d'avant-hier avec Rita, j'ai omis ce qui avait trait à ma femme, enterrée là-bas, à Vienne. Pour la seconde fois, Rita m'a conseillé de faire venir son corps, pour qu'il repose dans notre tombeau de famille. Je lui ai redit qu'il me serait doux de l'avoir près de moi mais qu'à mon avis les morts sont bien là où la vie les a quittés ; elle a répondu qu'ils sont bien mieux auprès de leurs proches.

– Quand je mourrai, lui ai-je dit, j'irai là où elle sera, quelque part dans l'autre monde, et elle viendra à ma rencontre.

Elle a souri, et cité en exemple la veuve Noronha qui a fait venir le corps de son mari de Lisbonne, où il est mort, à Rio de Janeiro, où elle compte finir sa vie. Elle n'a rien ajouté à ce sujet mais reviendra sûrement à la charge, jusqu'à obtenir satisfaction. Mon beau-frère me le disait déjà : c'est là sa façon de faire, quand elle veut quelque chose.

Autre point que j'ai passé sous silence : l'allusion qu'elle a faite aux Aguiar, un couple dont j'avais fait la connaissance lors de mon dernier congé passé à Rio, et que je viens de rencontrer à nouveau. Ce sont des amis de Rita et de la veuve : dans une quinzaine de jours, ils vont fêter leurs noces d'argent. Je suis allé les voir deux fois, et le mari m'a rendu mes visites. Rita m'a parlé d'eux avec sympathie et m'a conseillé d'aller les féliciter quand ils célébreront cet anniversaire.

– Tu y rencontreras Fidélia.

– Quelle Fidélia ?

– La veuve Noronha.

– Elle s'appelle vraiment Fidélia ?

– Eh oui !

– Un nom n'empêche pas de se remarier.

– Tant mieux pour toi, qui remporteras une double victoire, sur la personne et sur le nom, et finiras par épouser la veuve. Mais je te répète que je n'y crois pas.

14 janvier

La biographie de Fidélia ne présente qu'une particularité : père et beau-père étaient ennemis politiques, et chefs de partis dans leur Paraïba du Sud. L'inimitié entre familles n'a pas empêché certains jeunes gens de s'aimer, mais cela à Vérone ou je ne sais où. Et encore, pour ceux de Vérone, il se trouve des commentateurs pour dire de Roméo et de Juliette que leurs familles étaient plutôt amies, et du même parti ; d'autres affirment qu'ils n'ont jamais existé, sinon dans la légende, voire dans la seule cervelle de Shakespeare.

Dans nos cités, qu'elles soient du nord, du sud ou du centre, je ne pense pas qu'un tel cas se présente. Ici, les jeunes pousses ne font que prolonger les dispositions hostiles des racines, chaque arbre grandit en espace clos, sans étendre de branches vers l'arbre voisin, et en cherchant même à rendre stérile le sol qui le porte. Pour moi, c'est ainsi que je haïrais, si j'étais capable de haine ; mais je ne hais personne : *perdono a tutti*, comme à l'opéra.

Quant aux amoureux du Paraïba, comment en sont-ils arrivés à s'aimer, c'est ce que Rita ne m'a pas conté, et que je serais curieux d'apprendre. Roméo et Juliette ici, à Rio, entre l'agriculture et le barreau – car le père de notre Roméo était avocat dans sa capitale – voilà de ces conjonctions qu'il serait important de bien connaître, afin de les expliquer. Rita ne m'a pas fourni de détails ; il faudra que je me souvienne de lui en demander. Peut-être me les refusera-t-elle, en se figurant que je commence à soupirer pour la dame.

16 janvier

Comme je sortais de la Banque du Sud, je suis tombé sur Aguiar, qui y est fondé de pouvoir et qui arrivait. Il m'a salué très cordialement, m'a demandé des nouvelles de Rita et, pendant quelques minutes, nous nous sommes entretenus de choses et d'autres. Cela, hier. Et ce matin j'ai reçu un billet du même Aguiar m'invitant, en son nom et au nom de sa femme, à aller dîner chez eux le 24. Pour leurs noces d'argent. "Un dîner tout simple, entre amis" a-t-il précisé. J'ai su depuis que la fête n'aura rien de mondain. Rita aussi y va. J'ai décidé d'accepter, j'irai.

20 janvier

Trois jours cloîtré ici, avec un bon coup de froid et une pointe de fièvre. Aujourd'hui je vais mieux et le médecin m'autorise à sortir demain. Mais pourrai-je aller aux noces d'argent des bons vieux Aguiar ? Praticien prudent, le docteur Silva me le déconseille ; ma sœur Rita, qui m'a soigné deux jours durant, est du même avis. Je ne soutiens pas le contraire mais, si je me sens frais et dispos, ce qui n'est pas exclu, il me coûtera de n'y pas aller. Nous verrons bien ; trois jours sont vite passés.

6 heures du soir

J'ai occupé ma journée à feuilleter des livres ; relu en particulier quelques pages de Shelley, ainsi que de Thackeray. L'un m'a consolé de l'autre ; le second m'a désabusé du premier ; ainsi voit-on le génie équilibrer le génie, cependant que notre esprit s'initie aux diverses langues de l'esprit.

9 heures du soir

Rita a dîné avec moi ; je lui ai dit que je suis sain comme une pomme, et assez solide pour aller aux noces d'argent. Après m'avoir conseillé la prudence, elle a reconnu que si je n'ai plus rien et sais me modérer à table, je peux en effet ne pas manquer la soirée. D'autant que mes yeux y seront à la diète complète.

– Je crois que Fidélia ne viendra pas, a-t-elle expliqué.

– Vraiment ?

– J'ai rencontré aujourd'hui son oncle, le Conseiller* Campos, qui m'a dit l'avoir laissée aux prises avec sa névralgie habituelle. Oui, elle souffre de névralgies. Quand survient la crise, il y en a pour plusieurs jours et, avant qu'elle ne cède, il faut beaucoup de remèdes et de patience. J'irai peut-être la voir demain ou après-demain.

Rita a ajouté que les Aguiar sont consternés ; ils comptaient sur elle, sa présence devait être un des charmes de la fête. Ils l'aiment beaucoup, elle le leur rend bien, et tous trois méritent qu'on les aime : telle est l'opinion de Rita, et il se peut qu'elle devienne un jour la mienne.

---

* Le terme brésilien désigne un haut magistrat, comme nous disons Conseiller à la Cour d'appel, à la Cour de cassation.

– Je te crois. C'est décidé : sauf réel empêchement, j'irai. Moi aussi je trouve que ces Aguiar sont de braves gens. Ils n'ont jamais eu d'enfants ?

– Non, jamais. Ils sont de nature très affectueuse, Dona Carmo encore plus que son mari. Tu n'as pas idée de leur bonne entente. Je ne les fréquente pas assidûment parce que je vis très retirée, mais les quelques visites que je leur rends suffisent à me faire découvrir ce qu'ils valent, elle surtout. Le Conseiller Campos, qui les connaît depuis des années, pourrait te dire ce qu'ils sont.

– Il y aura beaucoup d'invités au dîner ?

– Non, assez peu, je crois. La plupart de leurs amis viendront seulement après, passer la soirée. Ils ne sont pas fortunés, le dîner n'est que pour les plus intimes, et c'est pourquoi l'invitation qu'ils t'ont faite révèle une grande sympathie personnelle.

C'est l'impression que j'avais déjà eue quand je leur ai été présenté, il y a sept ans ; mais j'avais supposé, alors, que leur amabilité s'adressait au diplomate plus qu'à l'homme. Depuis mon retour, chaque fois qu'ils m'ont reçu, la sympathie a été évidente. J'irai donc le 24, que Fidélia y soit ou non.

25 janvier

Je suis allé hier aux noces d'argent. Voyons si j'arriverai à résumer ici mes impressions de la soirée.

Elles n'auraient pas pu être meilleures. J'ai été frappé, d'abord, par l'entente qui règne entre les époux. Je sais bien qu'une fête de quelques heures ne permet pas de juger avec certitude de l'harmonie d'un couple. Un événement de ce genre ravive tout naturellement les souvenirs anciens, et l'affection dont on est entouré semble exalter celle qu'on se porte. Mais avec les Aguiar la réalité est autre. Il y a en eux quelque chose de supérieur à l'événement et de distinct de l'allégresse ambiante. J'ai senti que les années avaient renforcé et épuré leur inclination naturelle, et que ces deux êtres finissaient par n'en plus faire qu'un. Je n'ai pas perçu cela dès mon arrivée, c'était impossible, mais le déroulement de la soirée m'en a convaincu.

Aguiar est venu m'accueillir à la porte du salon avec, dirais-je, comme une intention d'accolade, si cela avait été possible entre nous et en un tel lieu ; mais sa poignée de main en a tenu lieu, tant elle a été chaleureuse. C'est un homme de soixante ans passés (sa femme en a cinquante), plutôt corpulent, vif ; l'air amène et souriant. Il m'a conduit jusqu'au coin du salon où sa femme bavardait avec des amies. La grâce de la bonne dame m'était déjà connue, mais cette fois le motif de ma visite et la nature de mon compliment ont donné à son visage une expression qui mérite amplement le qualificatif de radieuse. Elle m'a tendu la main, m'a écouté, la tête un peu penchée, avec un rapide regard vers son mari.

Tous deux m'ont prodigué leurs attentions, puis Rita est arrivée peu après moi, suivie d'autres invités, hommes et dames, tous connus de moi, et j'ai vu qu'il s'agissait de familiers de la maison. Au milieu des conversations, j'ai eu la surprise d'entendre deux dames échanger ces quelques mots :

– Pourvu que Fidélia n'aille pas plus mal.

– Elle doit venir ? a questionné l'autre.

– Elle va mieux et a fait dire qu'elle viendrait ; mais peut-être n'est-ce pas prudent.

Ce qu'elles ont ajouté touchant la veuve était fort aimable. Un des invités me parlait, je feignais l'attention mais l'entendais à peine. L'heure du dîner approchant, j'ai supposé que Fidélia ne viendrait pas ; je me trompais. Elle et son oncle sont arrivés bons derniers, mais arrivés. Dona

Carmo l'a accueillie avec une effusion qui en disait long sur sa joie de voir qu'elle avait tenu à venir, à peine remise et malgré les risques d'un retour en pleine nuit. Toutes deux étaient aux anges.

Fidélia était venue en grand deuil, ou presque. Seules touches de couleur sur elle : le corail de ses boucles d'oreilles et, sur sa poitrine, l'or du médaillon contenant le portrait de son mari. Pour tout le reste – robe et accessoires – du noir. Les bijoux, ainsi qu'un brin de muguet à sa ceinture, étaient peut-être là en l'honneur de son amie. Dès le matin, elle lui avait fait porter un billet de félicitations, en même temps que le petit vase de porcelaine qu'on pouvait voir sur un meuble, à côté d'autres cadeaux d'anniversaire.

En la revoyant, je ne l'ai pas trouvée moins piquante qu'au cimetière ou que la première fois, chez ma sœur, et pas moins belle non plus. On la dirait faite au tour, sans que l'expression suggère la moindre idée de raideur ; au contraire, elle est toute flexibilité. Je fais allusion seulement à la pureté des lignes, celles que l'on voit ; pour les autres, on les devine, on en répond. Elle a la peau délicate, le teint clair, avec aux joues à peine une touche de rouge, rien qui puisse paraître déplacé chez une veuve. C'est là tout ce qui m'a frappé au premier abord, avec ses yeux et ses cheveux noirs ; le reste m'a été révélé peu à peu au cours de la soirée, jusqu'à l'instant de son départ. Il n'en fallait pas tant pour que s'imposât à moi l'image d'une personne digne d'intérêt aussi bien par son aspect que par sa conversation. Après l'avoir observée quelques instants, voici ce que j'ai pensé d'elle. Je ne l'ai pas pensé tout de suite en prose, mais en empruntant un vers à Shelley dont j'avais feuilleté récemment un recueil, comme je l'ai déjà indiqué ; il s'agit d'un vers extrait d'une de ses stances de 1821 :

I can give not what men call love.

Je me le suis donc dit en anglais, mais l'aveu du poète, je l'ai repris aussitôt en prose de chez nous, et avec une conclusion de mon cru: "Je ne peux donner ce que les hommes appellent amour… et c'est dommage."

Mon humeur allègre n'a pas été altérée pour autant et, quand Dona Carmo est venue prendre mon bras, je me suis avancé vers la table comme pour un festin de noces. Aguiar a offert son bras à Fidélia et s'est assis entre elle et sa femme. Je donne ces précisions à seule fin d'indiquer que les deux époux, placés l'un à côté de l'autre, ont été entourés par leur amie et par moi. Nous avons pu ainsi entendre palpiter leurs deux cours, hyperbole bien excusable pour dire qu'agissait sur Fidélia et moi – sur moi, du moins – la contagion de bonheur de ces vingt-cinq années de paix et de douce entente.

En ce jour de fête, la maîtresse de maison, affable, chaleureuse, délicieusement aimable avec tous les convives, semblait pleinement heureuse. Son mari tout autant. Peut-être l'était-il encore plus qu'elle, mais sans savoir aussi bien le montrer. Dona Carmo a le don de s'exprimer, d'exprimer la vie par tous les traits de son visage, ainsi qu'un don de plaire à chacun que j'ai rencontré à ce degré chez bien peu de femmes. Ses cheveux blancs, arrangés avec un goût sûr, donnent à sa vieillesse un éclat particulier et semblent marier en elle tous les âges de la vie. Je ne sais si je me fais bien comprendre, mais pourquoi essayer de mieux dire dans des pages écrites par un solitaire et que connaîtra seul le feu où je les jetterai un jour.

De temps en temps, d'un regard, d'un mot aussi peut-être, elle et son mari échangeaient leurs impressions. Une seule fois, le regard a été mélancolique. Rita m'en a fourni plus tard l'explication. Un des convives – il se trouve toujours des indiscrets – en portant un toast à ce couple sans enfants, avait dit que “Dieu les leur avait refusés afin qu'ils pussent mieux s'aimer l'un l'autre”. La pensée n'avait pas été exprimée en vers, mais aurait mérité le mètre et la rime, auxquels l'auteur s'était peut-être exercé dans sa jeunesse; il allait sur ses cinquante ans et avait un fils. En écoutant l'allusion, les deux époux ont laissé paraître leur tristesse, mais bien vite ont essayé de sourire, et souri. Rita m'a dit depuis que c'était là l'unique blessure dans leurs deux vies. Je crois que Fidélia a perçu elle aussi leur soudaine tristesse car elle s'est penchée vers Dona Carmo, a levé légèrement sa coupe en lui disant, avec une grâce pleine de tendresse:

– À votre bonheur.

Trop émue, Dona Carmo n'a répondu d'abord que d'un geste, en portant sa propre coupe à ses lèvres; quelques instants plus tard seulement, d'une voix assourdie, comme si de son cœur serré avait peine à montrer l'expression de sa gratitude, elle a pu murmurer:

– Merci.

Tout s'est passé ainsi discrètement, silencieusement. Un peu plus expansif, le mari à son tour a remercié, se déclarant concerné aussi par le toast, et le repas s'est achevé sans autre trace de mélancolie.

Dans la soirée sont arrivées d'autres visites. On a fait un peu de musique, quelques personnes ont joué aux cartes. Je suis resté tranquillement dans le salon à regarder, au milieu de tant d'hommes joyeux, l'essaim des jeunes femmes et des dames mûres. Pour le charme particulier du grand âge, Dona Carmo les surpassait toutes, comme Fidélia pour la grâce appétissante de la jeunesse; une grâce toutefois marquée encore du signe de son veuvage récent – il date de deux ans. Et Shelley continuait à murmurer à mon oreille, pour que je me le répète à moi-même: *I can give not what men call love.*

Quand j'ai fait part de ma réaction à Rita, elle m'a dit que c'était là dérobade de mauvais payeur, autrement dit que, dans ma crainte de ne pouvoir vaincre la résistance de la jeune femme, je me donnais pour incapable d'aimer. Et elle est partie de là pour faire une fois de plus l'apologie de la passion conjugale de Fidélia.

– Tous les gens qui les ont vus, à Rio ou ailleurs, a-t-elle continué, peuvent te dire ce qu'a été leur couple. Il suffit de savoir qu'ils se sont mariés contre la volonté des deux pères, qui l'un et l'autre les ont maudits. Dona Carmo a été la confidente de son amie mais, par discrétion, elle ne répète pas tout ce qu'elle a su de son histoire, elle se borne à la résumer ; je l'ai souvent entendue exprimer à ce sujet son approbation, son admiration. De mon côté, j'ai reçu également quelques confidences de Fidélia. Mais adresse-toi plutôt à son oncle… Et demande-lui de te parler aussi des Aguiar…

Là-dessus, je l'ai interrompue :

– À t'entendre, on dirait que pendant que je parcourais le monde pour y représenter le Brésil, le Brésil était devenu la terre d'élection promise à la postérité d'Abraham. Toi, le couple Aguiar, le couple Noronha, tous les couples, en somme, y donnaient le spectacle d'un bonheur perpétuel.

– Demande donc au juge qu'il te raconte tout.

– Une autre impression que m'ont laissée cette maison et cette soirée, c'est que les deux dames, l'épouse et la veuve, semblent s'aimer comme mère et fille, ne crois-tu pas ?

– J'en suis convaincue.

– La veuve n'a pas d'enfants, elle non plus ?

– Elle non plus. C'est un point qui les rapproche l'une de l'autre.

– Mais un autre les éloigne : le veuvage de Fidélia.

– Non ; le veuvage de Fidélia s'accorde bien à la vieillesse de Dona Carmo. Mais si tu penses qu'il y a éloignement, il ne tient qu'à toi de le faire cesser en arrachant la veuve à son état de veuve, si tu le peux ; mais je le répète, tu ne pourras pas.

Ma sœur n'a pas pour habitude de lancer des flèches mais, lorsqu'il lui en échappe une, elle fait mal. C'est ce que je lui ai dit ce soir-là, en la mettant dans la voiture qui l'a emportée vers Andaraï pendant que je regagnais à pied le Catete. J'ai oublié d'indiquer que les Aguiar habitent Plage de Flamengo, au fond d'un petit jardin, une maison ancienne mais solide.

Samedi

Rencontré hier un vieux camarade du corps diplomatique ; j'ai accepté d'aller déjeuner demain avec lui, à Pétropolis*. Je vais monter aujourd'hui et rentrerai lundi. L'ennui, c'est que je me suis levé d'humeur maussade, et aurais bien plus envie de rester ici que de grimper là-haut. Mais après tout, changer d'air et de décor modifiera peut-être mon état d'âme. Surtout quand on est vieux, c'est un rude métier que de vivre.

Lundi

Redescendu aujourd'hui de Pétropolis. Samedi, à bord, comme le bateau s'éloignait de l'embarcadère de Prainha**,

* À 800 mètres d'altitude et une quarantaine de kilomètres de Rio, Pétropolis, fondée en 1845, était la résidence d'été favorite du corps diplomatique et de la bonne société. L'empereur Pedro II y ayant un palais, la ville devint la capitale d'été du Brésil. Pour y accéder, il fallait d'abord traverser la baie de Guanabara.
** De Prainha (la "Petite Plage"), sur l'emplacement de l'actuelle place Maua, on s'embarquait alors pour Praia Grande, l'actuelle Niteroi.

je suis tombé sur le juge Campos et n'ai eu qu'à me féliciter de cette rencontre qui a eu raison de ma méchante humeur ; j'ai touché Maua à demi rasséréné, et à l'arrivée en gare de Pétropolis tout allait pour le mieux.

Je ne me rappelle pas si j'ai déjà noté dans ce Mémorial que Campos et moi avons été camarades de faculté à São Paulo. Avec le temps et l'éloignement, cette intimité s'est perdue et, quand nous nous sommes à nouveau rencontrés, l'année passée, nous avons eu beau évoquer nos souvenirs de vie estudiantine, nous étions devenus des étrangers. Quelques autres rencontres, une soirée passée ensemble à Flamengo n'y ont rien fait : nos existences avaient été trop différentes, les effets du temps et de l'absence s'en trouvaient aggravés.

Mais cette fois, à bord, nous avons mieux renoué. Pendant le trajet, en mer puis dans le train, nous avons eu tout le temps de faire revivre nos années de faculté ; il n'en a pas fallu plus : nous nous sommes retrouvés lavés de la vieillesse.

La montée vers Pétropolis nous a fait réagir de façon assez différente. Gravir les pentes en chemin de fer satisfaisait pleinement Campos, alors que je lui avouais regretter le temps des calèches montant en cortège au pas des mules ; non pas pour le véhicule lui-même mais parce que ainsi je pouvais voir peu à peu apparaître au loin, tout en bas, la mer, la ville, sous tant d'angles si pittoresques. Le train, lui, déverse les voyageurs en gare de Pétropolis au terme d'une course folle, haletante, rageuse. Je rappelais, à l'opposé, les anciens arrêts, ici pour prendre un café, plus loin pour se désaltérer à la source fameuse, et finalement la vue depuis le sommet, l'esplanade où les élégants de Pétropolis attendaient les arrivants et les escortaient jusqu'en ville, qui en voiture, qui à cheval ; certains des voyageurs y passaient même, sans plus attendre, dans les voitures où les attendaient les familles.

Campos, lui, a persisté à faire l'éloge du chemin de fer, aussi pratique qu'agréable. Ne serait-ce que le temps gagné! Si je lui avais répliqué par un éloge du temps perdu, il en eût résulté une controverse qui eût encore accéléré et abrégé le voyage. Pour profiter des dernières minutes, j'ai préféré changer de sujet; j'ai parlé du progrès, lui aussi, et nous sommes arrivés satisfaits l'un de l'autre à la cité des hauteurs.

Nous sommes descendus au même hôtel (le Bragance). Après le dîner, promenade de digestion le long du torrent. C'est alors que l'évocation du passé m'a amené à parler des Aguiar et de la connaissance que, selon Rita, Campos avait des deux époux. J'ai déclaré trouver en eux un exemple remarquable d'affection mutuelle et de bonne entente. Peut-être souhaitais-je obscurément en venir de là au mariage de sa propre nièce, aux conditions et circonstances dans lesquelles il avait été conclu; sujet délicat, parce que l'aborder pouvait me faire passer pour curieux, ce qui n'est pourtant pas dans mon caractère; mais il ne m'en a laissé ni l'occasion ni le temps. Celui de la promenade a été consacré tout entier aux Aguiar, et pour peu n'aurait pas suffi. J'ai écouté avec patience, parce que leur histoire m'a intéressé dès le départ, et aussi parce que le Conseiller parle très agréablement. Mais il est trop tard, maintenant, pour noter tout ce qui m'a été conté; je laisse cela pour une autre fois, pour le jour où, passé l'impression première, ne me restera en mémoire que ce qui mérite d'être retenu.

4 février

Allons, courage! Résumons aujourd'hui ce que le Conseiller Campos m'a confié à Pétropolis touchant le couple Aguiar. Je laisserai de côté les menus faits, les anecdotes, et éliminerai les qualificatifs, qui avaient plus de poids dans sa bouche qu'ils n'en pourraient avoir sous ma plume ; je ne veux conserver que ce qui est nécessaire à la compréhension des choses et des êtres.

Qu'est-ce qui me pousse à rapporter ce qui suit ? L'intérêt que je porte à tout ce qui touche à la vie morale de ce couple et, indirectement, à celle de Fidélia. Pour ce qui est des Aguiar, je m'en tiendrai aux faits bruts, exposés avec clarté et sans commentaires. À l'époque de son mariage, Aguiar était comptable. Dona Carmo vivait alors avec sa mère, originaire de Nova Friburgo, et son père, suisse, établi dans la ville comme horloger. Mariage approuvé de tous. Aguiar est resté longtemps comptable, passant d'une maison de commerce à une autre, à une autre encore dont il est devenu l'associé, et de là à la banque où il est présentement fondé de pouvoir. Les époux sont arrivés à la vieillesse sans avoir eu d'enfants. Rien d'autre à dire, strictement rien. Une vie, jusqu'ici, sans heurt, sans mésentente.

Ils s'aimaient, ils se sont toujours beaucoup aimés, bien que chacun d'eux fût jaloux, à raison même de son amour. Elle, dès les premiers temps, exerça sur lui l'influence de toutes les femmes aimées de ce monde, et peut-être de l'autre, si elles ont leur place là-bas. Aguiar a fait une fois au Conseiller le récit des jours amers où, le mariage déjà fixé, la faillite de son patron d'alors l'avait laissé sans emploi. Il n'avait pas été long à en trouver un autre, toutefois son nouveau travail ne lui permettait pas de se marier tout de suite : il lui fallait d'abord asseoir sa position, se faire pleinement admettre. Or, il était effondré, l'âme menaçant ruine. En ces jours de crise, la force de caractère de sa fiancée a été le ciment et la chaux (je tiens l'image de Campos, qui m'a dit la tenir d'Aguiar lui-même) qui ont maintenu debout l'édifice. Par la suite, à chaque menace sur son équilibre, ce ciment et cette chaux l'ont étayé sans retard. Il avait, certes, sa vision personnelle des choses, mais si elle venait à s'altérer, comme se brouille la vue d'un malade, c'est de l'épouse que venait le remède aux maux du corps, au trouble de l'esprit. Dans les premiers temps de leur mariage, la pauvreté a été leur lot. Pour arrondir les trop maigres appointements attachés à son emploi, Aguiar s'imposait divers autres travaux. Dona Carmo, de son côté, veillait à la vie domestique, aidait le personnel ; ses soins donnaient à la maison cette sorte de confort que l'argent à lui seul ne saurait assurer. Elle savait faire durer le nécessaire, s'accommoder du simple ; son intérieur était si bien arrangé, si bien mis en valeur par le travail de ses mains, que tout le monde – mari et visiteurs – en était frappé. Chaque objet avait une âme, la même âme partout répandue, douant de grâce l'utile, avec un goût sûr. Chemins de table et tapis, rideaux et autres ouvrages sortis de ses mains d'année en année, tout portait sa marque, le sceau de sa personnalité. Elle eût inventé, si nécessaire, l'élégance dans la pauvreté.

Ils se sont fait de nombreux amis, modestes comme eux, et d'agréable compagnie. Le rôle de Dona Carmo, en ce domaine, a été plus important que celui d'Aguiar. Dès l'enfance, elle s'était révélée telle qu'on l'a connue depuis. Adolescente, au collège d'Engenho Velho où elle faisait ses études, elle avait fini par être considérée comme la meilleure élève de l'établissement, et cela, non seulement sans provoquer la jalousie, exprimée ou secrète, d'aucune compagne, mais à la plus grande joie de toutes, nouvelles ou anciennes. Comme si chacune s'identifiait à elle. Était-elle donc une sorte de prodige ? Nullement. Elle avait une intelligence fine, supérieure à celle de ses compagnes, mais pas au point de les écraser. Tout venait de son caractère aimant. Il lui conférait le pouvoir d'attirer, et d'accueillir chaleureusement qui elle attirait. Campos m'a raconté que Dona Carmo plaît également aux femmes âgées et aux plus jeunes, ce que j'avais déjà remarqué au passage, le soir des noces d'argent. L'épouse d'Aguiar est l'amie de toutes : elle trouve le chemin de leur cœur et leur ouvre le sien. Telle elle a été dans sa jeunesse, telle elle est restée dans son âge mûr.

Campos n'a pas été un familier du couple de façon continue, ni dès les premiers temps ; mais quand il a commencé de les fréquenter, il a pu suivre l'évolution de la fiancée, de la jeune mariée, et il a compris l'adoration du mari. Aguiar était heureux et, pour se rasséréner après les soucis et les contrariétés du dehors, il ne connaissait pas de meilleure détente que la conversation de sa femme, ni de plus doux conseils que ceux de ses yeux. Elle seule avait le don précieux de lui faire retrouver équilibre et paix.

Un jour qu'il se trouvait chez eux et parcourait un recueil de poètes italiens, Campos a découvert entre les pages un feuillet jauni où se trouvaient écrites quelques strophes. Un peu gênés, les époux lui ont expliqué qu'il s'agissait de vers figurant dans le recueil et recopiés par Dona Carmo au temps de ses fiançailles. Campos a replacé le feuillet entre les pages, et le volume dans la bibliothèque. Les Aguiar aimaient tous les deux les vers, et elle, qui sait, en avait peut-être fait quelques-uns, avant de les jeter, mettant ainsi un terme aux seules erreurs que le couple eût commises. Il semble qu'il y ait eu chez l'un et chez l'autre une source de poésie instinctive qui n'a pu s'épancher faute de s'être coulée dans une forme adéquate.

Cette dernière réflexion n'est pas du Conseiller Campos mais de moi, et ne vise qu'à apporter une dernière touche au portrait du couple. Non que je juge la poésie indispensable, mais elle peut embellir nos jours. À ce stade de notre entretien, j'ai demandé au Conseiller si ces deux êtres avaient à se plaindre de la vie.

– Oui, m'a-t-il dit, sur un point, un seul, mais grave : ils n'ont pas eu d'enfants.

– C'est ce que m'avait dit ma sœur Rita.

– Ils n'ont pas eu d'enfants, a répété Campos.

Tous deux en désiraient, fût-ce un seul, elle encore plus que lui. Dona Carmo possédait toutes les formes de tendresse : conjugale, filiale, maternelle. Campos a encore connu sa mère, dont le portrait, encadré avec celui de son père, figurait en bonne place dans son salon – tous deux durablement regrettés et pleurés. Elle n'avait pas eu de frère, mais c'est une affection vraiment fraternelle qu'elle prodiguait dans l'amitié. Et si elle n'a pas eu d'enfants, il y a eu indubitablement quelque chose de maternel dans sa tendresse d'amie et d'épouse. Il est non moins certain que si elle a souffert d'être pour ainsi dire orpheline d'enfants, comme on souffre d'être sans père ni mère, cette frustration connaît aujourd'hui un palliatif.

– Dona Fidélia ?

– Exactement, Fidélia. Et avant elle, quelqu'un d'autre aussi, qui ne joue plus ce rôle.

Sur ce, Campos m'a raconté une histoire que je vais expédier en une demi-douzaine de lignes, ce qui d'ailleurs n'est pas rien, à cette heure où la nuit tombe ; la voici sans plus tarder.

Dona Carmo avait vingt et quelques années lorsqu'une de ses amies a eu un fils. Des circonstances que le Conseiller s'est contenté de résumer, et qu'il ne m'a pas paru utile de connaître, ont amené la mère et l'enfant à résider quelque temps chez les Aguiar. Au bout d'une semaine, le bébé avait deux mères. La vraie mère a dû se rendre dans le Minas, où se trouvait son mari : un voyage de quelques jours. Dona Carmo a obtenu de son amie qu'elle lui laisse l'enfant, avec sa nourrice. Ainsi se sont noués des liens d'affection que le temps et l'habitude n'ont cessé de resserrer. Le père était un négociant en café – commissaire, pour être précis – et son travail l'appelait à cette époque dans le Minas ; la mère était originaire de Taubaté, dans l'état de São Paulo, et passionnée de cheval. Quand est venu le temps du baptême, Luisa Guimarães a demandé à son amie d'être la marraine. C'était précisément ce que l'autre souhaitait. Elle a accepté avec enthousiasme, son mari avec plaisir, et le baptême a été pour les Aguiar comme une fête de famille.

L'enfance de Tristan – ainsi s'appelait le filleul – a été partagée entre les deux mères, entre les deux maisons. Les années ont passé, l'enfant grandissait, tandis que s'évanouissaient les espérances de maternité de Dona Carmo. Comme l'a dit un jour son mari, Tristan était l'enfant béni que le hasard leur avait inespérément accordé ; pas le hasard, la Providence, a corrigé sa femme, catholique jusque dans son langage, et elle s'est consacrée de toute son âme à son filleul.

Le Conseiller a entendu plus d'une personne assurer – avec raison, je pense – que Dona Carmo avait l'air plus vraiment mère que la vraie mère. L'affection de l'enfant allait à l'une et à l'autre, avec une légère préférence pour la mère d'emprunt. Ce que pouvaient expliquer des soins plus tendres, plus continûment prodigués, une attention plus complaisante aux désirs exprimés, sans parler des friandises, auxquelles l'enfant, comme l'adulte, n'est pas insensible. Venu le temps de l'école, comme celle-ci se trouvait plus près de la maison des Aguiar, c'est chez eux que le garçon allait déjeuner avant de regagner Laranjeiras, où habitaient les Guimarães. Quelquefois sa marraine le raccompagnait elle-même.

Pendant les deux ou trois maladies qu'a eues l'enfant, l'affliction de Dona Carmo a été énorme. Je reproduis l'adjectif employé par Campos quoique je le juge emphatique et que je n'aime pas l'emphase. D'autant que Dona Carmo, je dois le reconnaître, est une des rares personnes à qui je n'ai jamais entendu dire "Je suis folle de fraises" ou "Je meurs d'envie d'écouter du Mozart". Chez elle, le sentiment est intense, non l'expression. Mais enfin le Conseiller a été témoin de la dernière maladie de l'enfant, survenue alors que sa marraine en avait la garde; il a pu observer l'affliction de Dona Carmo, son dévouement, ses alarmes, les brefs accès de désespoir qui la faisaient éclater en sanglots, et finalement la joie de la convalescence. La mère, de son côté, a réagi en mère et s'est montrée réellement inquiète; mais, selon Campos, sans excès. C'est qu'il doit y avoir des tendresses contenues, dominées, qui ne se montrent pas à tous dans toute leur force.

Maladies, joies, espérances, tout ce qui a marqué la première période de la vie de Tristan a été vécu par le parrain et la marraine – par la marraine surtout – comme si l'enfant était de leur propre sang. C'était un fils qu'ils avaient à leurs côtés, qui a eu dix ans, onze ans, douze ans, qui a grandi en taille et en grâce. À treize ans, apprenant que son père le destinait au commerce, il est allé trouver sa marraine et lui a confié qu'il ne se sentait aucun goût pour cette carrière.

– Pourquoi, mon fils?

Ainsi l'appelait-elle, comme l'y autorisaient son âge et sa maternité spirituelle, sans usurper les prérogatives de quiconque. Tristan lui a déclaré que sa vocation était tout autre: il voulait faire son droit. La marraine a défendu les vues du père; Tristan, qui osait se montrer avec elle encore plus volontaire qu'avec ses parents, n'a pas voulu en démordre: il voulait être docteur en droit. Peut-être n'avait-il pas vraiment une vocation de juriste, mais le titre le faisait rêver:

– Je veux être docteur! Je veux être docteur!

La marraine a fini par lui donner raison et est allée plaider la cause de son filleul. Le père a opposé une vive résistance. "Qu'y avait-il dans le commerce qui ne fût pas aussi honorable que lucratif? D'autant que Tristan ne partirait pas de rien comme tant d'autres, comme lui-même l'avait fait, mais bénéficierait de l'aide paternelle." Il a avancé d'autres arguments, que Dona Carmo a écoutés sans y contredire ; elle se bornait à répéter que l'important, c'est d'aimer son métier, et que si le garçon n'aimait pas le commerce, il valait mieux lui laisser suivre son goût. Au bout de quelques jours, le père a cédé et Dona Carmo a voulu être la première à annoncer au garçon la bonne nouvelle. Elle-même se sentait tout heureuse.

Cinq ou six mois plus tard, le père a décidé d'avancer un voyage qu'il avait projeté avec sa femme pour l'année suivante : il s'agissait d'aller au Portugal revoir les siens et surtout sa mère, malade. Tristan, qui se préparait à entrer à l'université, n'a pas plus tôt appris la nouvelle qu'il a voulu accompagner ses parents. C'était le goût de la nouveauté, l'attrait de l'Europe, de quelque chose qui le changerait des rues de Rio, de cette ville qu'il connaissait trop, dont il était las. Père et mère ont refusé, il a insisté. Dona Carmo, à qui il a eu de nouveau recours, cette fois s'est récusée parce que le voyage l'éloignerait d'elle, fût-ce provisoirement ; pour le garder, elle a joint sa voix à celle des parents. Aguiar, en la circonstance, a pris une part active au combat. Peine perdue : Tristan voulait à toute force s'embarquer pour Lisbonne.

– Papa revient dans six mois, je reviendrai avec lui. Qu'est-ce que six mois ?

– Et tes études, disait Aguiar. Tu vas perdre un an.

– Eh bien, je perdrai un an. Est-ce qu'une année mérite qu'on lui sacrifie le plaisir d'aller voir l'Europe ?

Dona Carmo a eu alors une inspiration : elle lui a promis de l'emmener en voyage dès qu'il aurait obtenu sa licence ; et ils ne partiraient pas pour six mois mais pour un an, ou même plus ; il aurait le temps de tout voir, le moderne comme l'antique, les terres, les mers, les modes de vie... Mais les études d'abord. Tristan n'a rien voulu entendre. Le départ a eu lieu, malgré les larmes qu'il a coûtées.

Je passe sur ces fameuses larmes, sur les promesses faites, les menus souvenirs offerts, les photographies échangées. Tous les engagements imaginables avaient été pris, mais tous n'ont pas été tenus. De là-bas sont bien arrivés lettres, regrets et nouvelles, mais de garçon, point. Le séjour des parents a duré beaucoup plus que prévu, et Tristan a fini par s'inscrire à l'École de médecine de Lisbonne. Ni commerce, donc, ni jurisprudence.

Aguiar a caché le plus longtemps possible la nouvelle à sa femme, dans l'espoir d'infléchir le cours des événements et de ramener le jeune homme au Brésil ; en vain. Bientôt, comme il lui devenait difficile de dissimuler sa propre tristesse, il a mis Dona Carmo au courant de la dure réalité, sans trouver de mots pour consoler de ce qu'elle avait de cruel ; la marraine a pleuré longtemps. Tristan a écrit pour faire part de sa nouvelle orientation et promettre qu'il irait au Brésil aussitôt son diplôme obtenu. Mais bientôt les lettres elles-mêmes se sont faites plus rares, et un jour plus rien n'est arrivé, ni lettres, ni photographies, ni menus souvenirs ; et sans doute, là-bas, n'y avait-il sans doute même plus de regrets. Guimarães est venu au Brésil, sans son fils, à seule fin de liquider ses affaires, et est reparti pour toujours.

5 février

En relisant ce que j'ai écrit hier, je trouve que j'aurais pu faire plus bref, et surtout moins larmoyant. Je n'aime pas les larmes et je doute d'en avoir jamais versé, sauf bébé, pour réclamer le sein. Laissons pourtant toutes celles de mon récit, ainsi que le portrait de Tristan, que je voulais brosser en quelques lignes et qui m'a pris la moitié de mes pages. Rien de pire que les désœuvrés – ou les retraités, ce qui est tout un : comme ils ont du temps de reste, s'ils se mêlent d'écrire il n'y a pas main de papier qui suffise.

Je n'ai pourtant pas tout noté de ce que m'a appris Campos. M'a échappé ce qui concerne la fortune d'Aguiar. En actions de la Banque du Sud, titres, maisons, sans oublier ses émoluments de fondé de pouvoir, il doit avoir dans les deux cents millions*, au moins. Si j'en crois ce que m'a dit Campos à Pétropolis, au bord du torrent. Personnage intéressant que ce Campos, encore qu'il manque de fantaisie ; mais puisqu'il prodigue ce qu'il a d'esprit, peu importe qu'il n'en ait que d'une sorte. Il est vrai qu'à ce compte-là on finirait par s'accommoder de toutes sortes d'ennuyeux. Le Conseiller n'est pas du nombre.

6 février

Encore une information que je n'ai pas notée le 4, mais elle n'appartient pas au récit de Campos. Je l'ai recueillie au moment où je prenais congé de lui (il devait rester trois ou quatre jours à Pétropolis). Comme je lui demandais de transmettre mes compliments à sa nièce, je l'ai entendu me répondre :

– Elle est chez les Aguiar ; elle a passé chez eux l'après-midi et la soirée d'hier, et compte y rester jusqu'à ce que je redescende.

6 février au soir

Différences d'aspirations : alors que les Aguiar meurent d'envie d'avoir des enfants, ce souci ne m'a jamais effleuré, et n'en pas avoir ne me manque pas, malgré ma solitude. On

* Deux cents millions de réaux (*reis*), ou 200 000 *mil-reis* ; le *mil-reis*, comme unité monétaire du Brésil, a été remplacé en 1942 par le cruzeiro.

voit des gens qui en ont voulu, en ont eu, et n'ont pas su les garder.

10 février

Hier, en déjeunant à Andaraï, j'ai rapporté à Rita le récit du Conseiller.

– Et il ne t'a rien dit de sa nièce?

– Il n'en finissait pas de me parler des Aguiar.

– Moi, en revanche, j'ai appris ce que j'ignorais encore sur Fidélia; je le tiens de Dona Carmo en personne.

– Si l'histoire est aussi longue que celle du ménage...

– Non, très courte, c'est l'affaire de cinq minutes.

J'ai pris ma montre pour voir l'heure exacte et vérifier la durée du récit. Rita a parlé dix minutes, exactement le double du temps prévu. Il est vrai que le sujet n'était pas banal: en l'occurrence le mariage de la veuve, et la veuve m'intéresse.

– Ils se sont connus ici, dans la capitale, a commencé Rita. À la campagne ils ne s'étaient jamais rencontrés. Fidélia passait quelques jours dans la famille du Conseiller (c'était encore du vivant de sa tante) et le jeune homme, Eduardo, faisait sa médecine. Il l'a vue pour la première fois du poulailler du Théâtre lyrique, où il était venu avec des camarades; il l'a aperçue sur le devant d'une loge, à côté de sa tante. Il l'a revue, elle aussi l'a vu, ils sont tombés amoureux l'un de l'autre. Quand ils ont découvert qui ils étaient, le mal était fait; mais l'auraient-ils découvert dès le début, le mal se fût probablement fait de même, car cela a été un vrai coup de foudre. Le père de Fidélia, de passage a Rio, a eu vent de l'affaire par son propre frère qui lui a appris avec bien des ménagements ce qu'il soupçonnait, suggérant que c'était là, pour les deux familles, une bonne occasion de faire la paix. Furieux, le baron est allé chercher sa fille et l'a ramenée à la plantation. Tu n'imagines pas ce qui s'y est passé.

– J'imagine, si, j'imagine.

– Mais non.

– Il l'a mise aux fers ?

– Tout de même pas, a protesté Rita. Il s'est contenté de proférer des menaces, mais d'une grande gravité : si elle continuait à s'oublier ainsi, il la chasserait de la maison. Fidélia n'a cessé de jurer qu'elle avait un fiancé, qu'elle l'aimait et l'épouserait, à tout prix. La mère a soutenu son mari et refusé elle aussi son consentement. Fidélia est restée inébranlable, se murant dans le silence, passant ses journées dans sa chambre, à pleurer. Les petites femmes de chambre noires voyaient les larmes, les traces qu'elles laissaient, et supposaient bien là-dessous des amours ; elles ont même réussi à deviner le nom de l'élu, à moins qu'elles ne l'aient surpris dans la conversation des maîtres. Finalement, Fidélia en est venue à refuser la nourriture. Ce que voyant, la mère a craint pour la santé de sa fille et commencé à plaider en sa faveur. Mais le mari a déclaré préférer voir sa fille morte, ou même folle, plutôt que de consentir à mêler son sang à celui des Noronha. Du côté des Noronha, l'opposition n'a pas été moins ferme. Lorsqu'il a appris la passion de son fils pour la fille du planteur, le père d'Eduardo lui a fait savoir qu'il le jetterait à la rue s'il continuait à l'offenser ainsi.

– Comme ennemis, ils étaient dignes l'un de l'autre, ai-je observé.

– Ils l'étaient, a convenu Rita. Le Conseiller, alerté, s'est rendu à la plantation où tout ce qu'il a vu a confirmé ses informations ; il a fait alors observer au père qu'il ne servait à rien de s'obstiner puisque sa fille, à sa majorité, pourrait quitter la plantation. Personne ne l'obligeait à s'humilier devant les Noronha, ni à faire la paix avec eux ; il suffisait de laisser les enfants se marier et partir où ils voudraient. Le baron n'a pas reculé d'un pouce, et le Conseiller s'apprêtait à rentrer à Rio lorsque Fidélia est tombée malade pour de bon. La maladie a été grave, la guérison difficile parce qu'on refusait médicaments et nourriture... Que veut dire ce sourire ? Tu ne crois pas à cette histoire ?

– Si fait, j'y crois ; je la trouve romanesque mais j'y crois. En tout cas, cette jeune personne m'intéresse. La guérison, disais-tu, a été difficile ?

– Oui ; la mère s'est résolue a demander à son mari de céder, et le mari a fini par y consentir, à une seule condition : ne plus jamais recevoir sa fille, ni lui adresser la parole ; il n'assisterait pas au mariage et ne voulait plus entendre parler d'elle.

– Tant de tourments, pour n'être heureux que si peu de temps.

– C'est vrai. Leur bonheur a été grand mais bien court. Ils ont décidé un jour d'aller en Europe, ils y sont allés, et c'est alors qu'est survenue brutalement la mort du mari, à Lisbonne, d'où Fidélia a rapatrié son corps. Tu l'as vue devant la tombe, elle y va souvent. Eh bien, même ainsi, le père, qui de son côté est lui-même veuf, n'a jamais voulu revoir sa fille. La première fois qu'il est venu à Rio, Fidélia a tenté d'être reçue, d'abord seule, puis accompagnée de son oncle ; toutes les tentatives ont été inutiles. Il ne l'a jamais revue, ne lui a jamais parlé. Je t'avais d'ailleurs déjà raconté cela, à quelques détails près ; il me manquait alors certaines précisions sur la résistance de Fidélia, je viens de te les donner. Et maintenant, dis-moi si c'est là une veuve qui veuille se remarier.

– Pas avec n'importe qui, bien sûr ; mais avec un homme dans la fleur de l'âge, ai-je continué en prenant un air fat et pouffant.

– Tu penses encore ?...

– Moi, sœurette ? Je pense à ton dîner, qui sera sûrement délicieux. Ce que je retiens de ton récit, c'est que la jeune personne n'est pas seulement jolie, elle est aussi capable de fermeté. Mais pour moi, ta soupe a plus de prix que toutes les catégories esthétiques et morales de ce monde et de l'autre.

Au cours du repas, j'ai parlé à Rita de ce que le Conseiller m'avait dit des quelques jours que sa nièce a dû passer à Flamengo.

– Les Aguiar et elle sont-ils donc si intimes ?

– Mais oui. Une fois déjà Fidélia est tombée malade là-bas, et s'y est laissée soigner. Depuis que les Aguiar ont perdu Tristan, leur fils d'emprunt, comme ils disent, ils se sont attachés toujours plus étroitement à la veuve. Dona Carmo est toute tendresse pour elle. Tu te souviens des noces d'argent, n'est-ce pas ? Pour ne pas paraître usurper un titre qui appartient au vrai père, Aguiar ne l'appelle pas sa fille ; mais sa femme, si, puisque la mère est morte. Et Fidélia ne semble pas souhaiter d'autre mère qu'elle.

11 février

Jadis, quand j'étais petit garçon, j'entendais dire qu'on ne donnait aux enfants que des noms de saints ou de saintes. Mais Fidélia... ? Je ne connais pas de sainte, ni même de païenne, qui porte ce prénom. Le baron le lui aura-t-il donné comme le féminin de Fidélio, en hommage à Beethoven ? Peut-être ; je doute cependant qu'il soit homme à avoir ce genre d'inspirations et de réminiscences artistiques. Au fait, le patronyme qui sert de support à son titre nobiliaire, Santa-Pia, je ne le trouve pas non plus dans la liste des canonisés, et l'unique créature, à ma connaissance, à porter un tel nom, on la trouve chez Dante :

Ricorditi di me, chi son la Pia.

Il semble qu'on ne veuille plus désormais d'Annas ni de Joanas, et que l'on mette en usage une autre onomastique, dans l'espoir de donner aux gens une autre allure. Tout varie au gré de la mode en ce monde, sauf les étoiles et moi, qui suis toujours le même bonhomme qu'autrefois, excepté en ce qui concerne la rédaction de notes diplomatiques, mon travail – qui n'est plus.

18 février

Une confidence de Campos, aujourd'hui : son frère lui a a écrit, sous le sceau du secret, que le bruit a couru dans les plantations d'une prochaine loi sur l'abolition de l'esclavage. Campos, lui, ne croit pas que l'actuel ministère la promulgue, et l'on n'escompte pas sa chute.

24 février

La date d'aujourd'hui (révolution de 1848) me rappelle la fête d'étudiants que nous avions organisée à São Paulo, et le toast que j'y ai porté au grand Lamartine. Ah ! notre verte jeunesse ! J'étais en première année de droit. Quand j'en ai parlé au Conseiller, il m'a dit :

– Mon frère croit qu'ici aussi nous allons avoir la révolution, et avec elle la République.

2 mars

Je viens de chez les Aguiar. J'y ai trouvé Fidélia, un de ses cousins, fils du Conseiller, élève à l'École navale (seize ans), ainsi qu'un employé de la Banque du Brésil. Je suis resté une bonne heure. La vieille dame a été délicieuse, la jeune aussi, et la conversation a évité tout ce qui aurait pu rappeler ce que chacune a perdu, l'une un mari, l'autre un fils d'emprunt. On a raconté des anecdotes dont notre bonne société faisait les frais ; je les ai écoutées en souriant quand c'était opportun, en m'attristant quand le sujet le réclamait. J'en ai raconté une à mon tour, sur une bonne société d'ailleurs et d'autrefois ; cependant, la crainte de rappeler à la veuve Noronha quelque pays qu'elle aurait pu visiter avec son mari m'a fait abréger mon histoire, et ne pas en raconter d'autre. Mais Fidélia a évoqué spontanément quelques souvenirs de voyage, des impressions laissées par divers musées, en Italie, en Allemagne. Sur notre pays, nous avons tous été d'accord pour dire des choses agréables. Même le clocher de l'église de la Gloria, que certains ont défendu, déclarant qu'il s'imposait, nous a trouvés d'accord, elle et moi, pour n'être pas d'accord. Quant au jeune élève de l'École navale, il a tenté, en vain, de nous lancer sur la Question Militaire.

La soirée a passé ainsi, à bavarder de choses et d'autres. Personne n'a demandé à Fidélia de se mettre au piano, bien qu'on dise qu'elle y est remarquable. En revanche, elle a parlé un peu de compositeurs et de pages célèbres, mais cela a tourné court : un point, peut-être, lui a rappelé le défunt. Je suis parti avant elle. Aguiar m'a annoncé que dans deux mois ils auront leur jour, où chaque semaine ils recevront leurs amis.

10 mars

Finalement le ministère est tombé. Le Conseiller João Alfredo en forme un autre aujourd'hui. Dans trois ou quatre jours j'irai féliciter le nouveau ministre des Affaires Étrangères.

20 mars

Le Conseiller Campos pense qu'on va faire quelque chose en faveur de l'émancipation des esclaves – un pas en avant, au moins. Aguiar, qui était avec nous, a dit qu'aucun bruit ne courait sur la place, qu'aucune information n'était parvenue à la Banque du Sud.

27 mars

Santa-Pia est arrivé de sa plantation ; au lieu d'aller loger chez son frère, il est descendu à l'Hôtel d'Amérique. Il est clair qu'il ne veut pas voir sa fille. Rien de plus tenace qu'une bonne haine. Il semble qu'il soit venu en raison des bruits qui courent dans le Paraïba du Sud touchant l'émancipation des esclaves.

4 avril

J'ai appris que le baron est tombé malade et que son frère a réussi à le ramener chez lui. Voici comment. Il ne lui a pas demandé directement de venir ; il a su glisser dans la conversation que Fidélia séjournait chez une amie d'où elle ne reviendrait pas de sitôt, et c'est ensuite seulement qu'il lui a proposé de venir se faire soigner chez lui. Santa-Pia a d'abord refusé, puis fini par accepter. Tout avait été combiné avec Fidélia. Elle était effectivement à Flamengo, chez les Aguiar. La maison de Campos a pu ainsi accueillir le père courroucé et malade. Campos et Aguiar pensent que le planteur finira tôt ou tard par pardonner à sa fille. Pour l'instant, toutefois, il n'est pas question d'une rencontre, au grand regret de Fidélia.

Je me pose alors la question : a-t-elle gagné au change en se brouillant avec son père pour prendre un mari qui, les premières leçons d'amour à peine données, a pris sa retraite dans la mort ? Assurément non. Si je proposais, moi, d'assurer la suite du cours, son père ferait la paix avec elle ; mais hélas, il faudrait pour cela que je n'aie pas oublié tout ce que j'ai su en la matière, et ne sais plus ; tout, ou presque. *I can not*, etc. (Shelley).

7 avril

La distraction joue des tours. Tout à l'heure, en revenant du centre, j'ai dépassé ma maison et, quand le tramway s'est arrêté, je me suis retrouvé place du Machado. Je suis descendu et, avant de rebrousser chemin à pied, j'ai hésité un peu puis traversé le jardin en direction de l'église de la Gloria, pour jeter un coup d'œil sur la façade et le clocher. Je venais de repenser à la conversation de l'autre soir à Flamengo.

À quelques pas de là, deux dames semblaient observer l'église comme moi. Elles se sont retournées, c'était Fidélia et Dona Carmo, venues en voisines, à pied, sans chapeau. Elles m'ont aperçu, je me suis approché. Nous avons échangé quelques mots – nouvelles du baron, qui va mieux, d'Aguiar, qui va bien – et avons pris congé.

Je suis reparti en direction du Catete, elles se sont avancées vers l'église. Après quelques pas, l'envie m'a pris de me retourner. Pouvais-je m'en empêcher ? C'est sur cette question qu'il m'aurait fallu avoir présent à l'esprit tout ce que la philosophie a dit et redit sur le libre arbitre, afin de m'inscrire en faux une fois de plus contre ce discours, avant de vérifier qu'il est totalement démenti par les faits. La présente page aurait-elle pu se terminer autrement ? Non : je ne puis qu'écrire ceci : il m'a été impossible de gouverner ma tête et mes yeux, et j'ai regardé les deux dames marcher lentement, se tenant par la taille et visiblement unies par une mutuelle affection.

8 avril

Papier, papier mon ami, ne garde pas trace de tout ce qu'écrit ma plume vagabonde. À vouloir me servir, en fin de compte tu me desservirais, parce que s'il m'arrivait de quitter cette vie sans avoir le temps de te réduire en cendres, ceux qui me liraient après la messe du septième jour, ou même avant l'enterrement, pourraient croire que je te confie des peines d'amour.

Non, cher papier, quand tu t'apercevras que je force un peu la note dans ce sens, échappe-toi de ma table, fuis. La fenêtre ouverte te fera apercevoir un coin de toit, entre rue et ciel, et tu trouveras bien ici ou là un endroit où te poser. En restant avec moi, ce que tu peux espérer de mieux, c'est l'oubli, qui n'est pas rien mais qui n'est pas tout non plus ; et avant qu'il ne s'installe viendra la raillerie des malveillants, ou simplement des désœuvrés.

Écoute-moi, papier. Ce qui m'attire chez cette dame nommée Fidélia, c'est une certaine disposition intérieure que j'ai quelquefois surprise chez elle, et qui fait penser à une sorte de sourire fugitif. Je voudrais l'étudier, si l'occasion m'en est donnée. Le temps ne me manque pas, certes, encore qu'il me faille bien tout pour m'occuper et de moi, et de mon valet José, et de toi si j'ai du loisir – et quelque chose de plus.

10 avril

Grande nouvelle ! Le baron est venu de sa campagne dans un but précis : consulter le Conseiller sur l'affranchissement collectif et immédiat des esclaves de Santa-Pia. Je viens de l'apprendre, et aussi que la consultation a pour objet principal, tout bonnement, la rédaction de l'acte. Son frère en a critiqué le projet et demandé au baron ce qui le poussait à un tel geste, lui qui condamnait l'intention prêtée au gouvernement de décréter l'abolition ; il a obtenu cette réponse, dont je ne sais si elle est subtile ou profonde, ou les deux, ou nulle :

– Je veux apporter la preuve que je vois dans la décision du gouvernement une spoliation, car elle empiète sur un droit qui appartient au seul propriétaire, droit dont j'use à mon détriment parce que c'est là ma volonté et mon pouvoir.

Est-ce la certitude de l'abolition qui pousse Santa-Pia à agir ainsi, avec quelques semaines ou mois d'avance sur le gouvernement ? À quelqu'un qui lui posait la question, Campos a répondu par la négative.

– Non, a-t-il déclaré, si mon frère croit à une telle initiative du gouvernement, il n'en attend pas d'autre résultat que la ruine de la grande propriété. L'acte auquel il s'est résolu traduit seulement la sincérité de ses convictions et la violence de son caractère. Il est capable de proposer à tous les grands propriétaires l'affranchissement immédiat de leurs esclaves et, le lendemain, de proposer de renverser le gouvernement qui veut faire passer une loi décrétant un tel affranchissement.

Campos a eu une idée. Il a fait observer à son frère qu'en affranchissant dès maintenant ses esclaves, il faisait tort à sa fille, son héritière. Santa-Pia a froncé le sourcil, non pas en songeant à contester à sa fille ses droits éventuels sur les esclaves, mais bien plutôt par amertume de voir que jusqu'en ce domaine, et malgré tout le pouvoir qu'il avait de disposer de ses biens, Fidélia venait encore lui créer des difficultés. Mais au bout d'un moment il a respiré, soulagé, et déclaré que de son vivant tout ce qui était sien était seulement sien. Faute de réussir à le dissuader, le Conseiller a accédé à la demande de son frère et ils ont rédigé ensemble l'acte d'affranchissement.

En relisant le document, Santa-Pia a eu cette réflexion :

– Je suis sûr qu'ils seront peu nombreux à quitter la plantation ; la plupart resteront avec moi, pour le salaire que je fixerai, et certains, même, pour rien, pour le plaisir de mourir où ils sont nés.

11 avril

Quand Fidélia a appris ce qu'avait fait son père, elle a voulu aller le trouver, non pour protester avec véhémence, mais pour l'embrasser ; peu lui importe ce qu'elle perdra dans l'affaire. C'est son oncle qui l'en a dissuadée, en lui représentant que son père restait très fâché contre elle.

12 avril

Santa-Pia n'est pas un vieillard décrépit ; il n'est même pas vraiment vieux – moins que moi, peut-être. Il respire parfois avec difficulté, mais c'est sans doute du fait de sa bronchite. À moitié chauve, large d'épaules, il a les mains rugueuses, le corps massif.

Il ne m'a pas reconnu le premier, peut-être parce que l'Europe m'a particulièrement marqué ; mais il se rappelle que nous avons dîné ensemble, ici à Rio, à l'époque où son frère et moi étions étudiants. Campos lui avait déjà parlé de moi, ravivant ainsi le souvenir de nos relations anciennes. Il m'a dit regagner la plantation dans trois jours ; il m'y accueillera, si je veux lui faire l'honneur de ma visite. J'ai remercié et promis, sans fixer de date ni même avoir l'intention d'aller là-bas. J'ai beaucoup de peine à m'éloigner de mon Catete ; Pétropolis, c'est déjà trop loin.

Je ne lui ai évidemment pas parlé de sa fille mais j'avoue que si je le pouvais, je dirais du mal d'elle, dans le but caché d'aviver encore le ressentiment de son père – et de rendre impossible leur réconciliation. Ainsi elle ne quitterait pas Rio pour la plantation et je ne serais pas privé de l'objet de mon étude. Cela, oui, papier mon ami, tu peux l'enregistrer, parce que c'est ma pure vérité intérieure, et que personne ne nous lit. D'ailleurs, si quelqu'un nous lisait, il me jugerait méchant, et on ne perd rien à paraître méchant ; on y gagne presque autant qu'à l'être vraiment.

13 avril

Hier avec le père, aujourd'hui avec la fille. Devant elle, j'aurais voulu dire du mal de son père, tellement elle m'en a dit du bien, à propos de l'affranchissement. J'aurais voulu : volonté sans effet, velléité pure ; je me suis vu au contraire dans l'obligation de faire moi aussi l'éloge du baron, ce qui a fourni à sa fille l'occasion d'élargir son panégyrique. Elle m'a dit que c'était un bon maître, ses esclaves de bons esclaves, et m'a raconté des anecdotes du temps de son enfance, de son adolescence, le tout avec une telle chaleur, un tel désintéressement que j'aurais voulu lui prendre la main et, en signe d'admiration, la lui baiser. Volonté sans effet. Tout, cet après-midi, est resté sans effet.

19 avril

Le baron est parti avec dans ses bagages l'affranchissement de ses esclaves. Peut-être a-t-il eu vent de la résolution du gouvernement ; on dit qu'à l'ouverture de la session parlementaire sera présenté un projet de loi. Ah ! vienne cette loi, il n'est que temps. Je me souviens encore de ce que je lisais à notre sujet dans la presse étrangère à l'occasion de la fameuse proclamation de Lincoln : "Moi, Abraham Lincoln, président des États-Unis d'Amérique..." Plusieurs journaux avaient fait des allusions précises au Brésil, écrivant qu'il restait désormais à obtenir d'un peuple chrétien – le dernier – qu'il suive cet exemple et abolisse à son tour l'esclavage ; j'espère que maintenant on nous félicitera. Encore que tardive, c'est la liberté, comme voulaient la leur les conjurés de Tiradentes*.

7 mai

Le ministère a présenté aujourd'hui à la Chambre son projet sur l'abolition. C'est l'abolition pure et simple**. On dit que dans quelques jours ce sera la loi.

13 mai

Enfin la loi. Je n'ai jamais été un propagandiste de l'abolition, et mes fonctions ne me permettaient pas de l'être, mais j'avoue avoir éprouvé une joie immense quand j'ai appris le vote final du Sénat et sa ratification par la Régente***. Je me trouvais rue de l'Ouvidor, où l'agitation était grande et l'allégresse générale.

Un journaliste de ma connaissance, en me voyant là, m'a offert une place dans sa voiture qui attendait rue Neuve : il

* En 1788, dans le Minas Gerais, des hommes rêvèrent de faire du Brésil, alors colonie portugaise, une république indépendante. Dénoncée, la conjuration échoua, et le plus actif de ses chefs, un officier et praticien dentaire – d'où son surnom, Tiradentes ("arracheur de dents") – fut exécuté.

** Et non pas une mesure partielle, comme il y en avait eu plusieurs auparavant. Les deux plus importantes avaient été, en 1871, la "loi du ventre libre" (les enfants d'esclaves naîtraient libres), et en 1885 la "loi des sexagénaires" (liberté pour les esclaves ayant atteint cet âge).

*** La princesse Isabel, fille de l'empereur Pedro II, a exercé trois fois la régence, à l'occasion de longs voyages de son père. Elle avait toujours plaidé en faveur de l'abolition.

allait se joindre au cortège organisé pour défiler devant le Palais et ovationner la Régente. J'ai failli – failli – accepter, tant j'étais bouleversé; mais mes habitudes paisibles, les vieux réflexes du diplomate autant que mon véritable caractère et mon âge m'ont retenu plus efficacement encore qu'un cocher n'immobilise chevaux et voiture, et j'ai refusé. À regret. Je les ai laissés aller, lui et d'autres qui se sont rassemblés rue du Premier Mars, d'où partait le défilé. On m'a raconté par la suite que les manifestants, debout dans leurs voitures ouvertes, poussaient des vivats en passant devant le Palais où se trouvaient également les ministres. Si j'y avais été, j'aurais probablement fait de même, et depuis je ne me reconnaîtrais pas... Mais non, je n'aurais rien fait, je me serais caché le visage entre les genoux.

Encore heureux que nous en ayons fini avec cet état de choses. Il était temps. Mais nous aurons beau brûler lois, décrets et ordonnances, nous ne pourrons détruire les actes sous seing privé, les contrats, les inventaires, ni gommer ce qui a été fixé par l'histoire, et même par la poésie. La poésie continuera à parler de ce qui a existé, notamment par les vers de Heine où notre nom figure à jamais. Le capitaine du navire négrier y raconte comment il a débarqué à Rio de Janeiro trois cents nègres que "la Maison Gonçalves Pereira" lui a payés cent ducats pièce. Qu'importe que le poète déforme le nom de l'acheteur et l'appelle Gonçalves Perreiro, il l'a fait pour la rime, ou à cause de son accent. De même nous n'avons pas de ducats, mais là c'est le vendeur qui a converti l'argent de l'acheteur en monnaie de son pays.

14 mai, minuit

Il n'y a joie publique qui vaille une bonne joie privée. Je me suis fait cette réflexion tout à l'heure en revenant de

Flamengo, et je suis venu la noter, en y ajoutant ce qui l'a provoquée.

C'était le premier jour de réception d'Aguiar ; il y avait assez de monde et beaucoup d'animation. Rita n'était pas là, elle m'avait fait savoir que c'était un peu loin pour elle et qu'elle avait peu de goût pour ce genre de réunions. La joie de nos hôtes était si vive qu'elle ne m'a pas paru pouvoir être attribuée à la seule présence de leurs amis, mais aussi au grand événement de la veille. Ce que j'ai exprimé d'un mot qui m'a paru sans ambiguïté, adressé à des Brésiliens :

– Félicitations.

– Ah ! vous étiez déjà au courant ?

Je n'ai pas compris, ni su que répondre. Au courant de quoi, dont je pusse les féliciter, sinon de l'événement national ? J'ai appelé à mon secours mon plus beau sourire d'approbation complaisante, il a répondu à l'appel, s'est épanoui, et j'ai attendu la suite. Alors les deux bons vieux se sont hâtés de m'expliquer, en se coupant la parole, que la lettre leur avait fait un immense plaisir. Ignorant de quelle lettre il s'agissait, et de quel correspondant, je me suis borné à approuver :

– Naturellement.

– Tristan est à Lisbonne, a précisé Aguiar ; il est rentré récemment d'Italie ; il va bien, il va très bien.

J'ai compris. Voilà comment une joie personnelle peut éclater au milieu de la joie générale, et l'éclipser. Je n'en ai pas été choqué ; j'ai trouvé au contraire qu'ils avaient raison, et apprécié leur sincérité. Enfin, j'ai souhaité que la lettre de leur fils d'emprunt vienne, après des années de silence, les consoler de la tristesse dont il a été la cause. Elle leur était bien due, cette lettre. Encore que tardive, elle a été, comme la libération des esclaves, la bienvenue. Je les ai de nouveau félicités, de l'air de quelqu'un qui savait tout.

16 mai

Fidélia est retournée chez elle, à regret et en laissant des regrets. Une étroite amitié lie ces trois êtres, les deux Aguiar paraissent ses vrais parents, et elle leur vraie fille. Le Conseiller, de qui je tiens ces échos, m'a rapporté ce que sa nièce lui a dit sur le couple ; sur la vieille dame en particulier, et il a ajouté :

Il ne s'agit pas entre eux trois de ce qu'on appelle un feu de paille. Chez Fidélia comme chez les Aguiar, l'affection s'est développée lentement, a poussé des racines profondes. Ils sont capables de me ravir ma nièce, et elle de se laisser ravir pas eux. D'ailleurs, si ce n'est eux, ce sera son père. J'ai l'impression que la sauvagerie de mon frère est en train de s'adoucir. Dans sa dernière lettre, après avoir pesté contre l'empereur et la princesse régente, il n'a pas oublié de me dire qu'il "remerciait pour le bon souvenir transmis". Fidélia ne lui avait pas transmis de bon souvenir puisqu'elle était à Flamengo ; c'est moi qui dans ma lettre avais tout inventé pour voir l'effet produit. Il ne peut que s'adoucir ; vous savez, Conseiller, les enfants, c'est quelque chose de terrible ; moi, si je perdais mon Carlos, je crois que j'en finirais avec la vie.

17 mai

Je vais rester chez moi quatre ou cinq jours, non pour me reposer – je ne fais rien – mais pour ne voir et n'entendre personne, hormis José, mon domestique. Et même lui, si cela me chante, je l'enverrai à Tijuca*, voir si j'y suis. Ces temps-ci, je

---

* Aux flancs du Corcovado et descendant presque jusqu'au cœur de la ville, la splendide forêt de Tijuca était déjà un lieu de promenade recherché.

trouve plus de gens qui m'indisposent que de gens qui me plaisent, et je crois qu'une telle proportion n'est pas à imputer à autrui mais à moi, exclusivement. Vieillir use.

18 mai

Rita m'a écrit pour me demander des nouvelles d'un certain vendeur à l'encan. On dirait une plaisanterie. Qu'ai-je à faire, moi, d'encan ni de vendeur à l'encan ? Quand je mourrai, on pourra vendre de particulier à particulier le peu que je laisserai au rabais ou pas, et ma peau par-dessus le marché ; elle n'est ni neuve, ni belle, ni délicate, mais on pourra toujours en faire quelque tambour ou tambourin rustique. Pas besoin de faire venir un vendeur à l'encan.

Voilà ce que je vais répondre à Rita, en ajoutant quelques nouvelles rapportées de l'extérieur, la lettre de Tristan, par exemple, les remerciements du baron à sa fille, et cette grande menterie : que la veuve a décidé de m'épouser... Mais non, si je lui écris cela, elle ne me croit pas, s'esclaffe et arrive sur-le-champ. Justement ce que je ne veux pas. Je vais lui écrire que le crieur est mort ; sans doute vit-il encore, mais il mourra bien un jour.

21 mai

Dans ma lettre d'hier, j'annonçais à ma sœur la mort du bonhomme et voilà que ce matin, en ouvrant les journaux, je suis tombé sur la nouvelle de la mort, survenue hier, d'un certain Fernandès, brocanteur vendant à l'encan. Il s'appelait donc Fernandès ! Il est décédé de je ne sais quelle maladie au nom grec ou latin. C'était, paraît-il, un bon chef de famille, respecté, travailleur et excellent citoyen ; le journal libéral *La Vie Nouvelle* lui donne même du “grand” – mais peut-être votait-il pour les libéraux.

Est-ce à cause de ma lettre, ou bien des nouvelles du jour ? Ma sœur Rita s'est précipitée chez moi. Les femmes ne devraient pas écrire de lettres ; il est rare qu'elles disent tout, et clairement ; beaucoup sont incomplètes ou obscures. Rita m'avait demandé des nouvelles du brocanteur parce qu'on lui avait dit qu'il habitait le Catete et venait de tomber gravement malade. Puisque lui et moi étions voisins, il se pouvait que je fusse au courant : tel était le motif de sa lettre, mais elle avait oublié de me l'indiquer.

J'ai hésité entre avouer ma supercherie, et profiter de la coïncidence pour n'en rien dire ; mais cela n'a duré qu'une minute, que dis-je, un instant. Rita est ma sœur, elle n'allait pas se fâcher pour si peu, et finirait bien par en rire avec moi. Elle m'a écouté rétablir la vérité, sans se fâcher mais sans rire. Pourquoi ? À cause d'un petit fait qui ne mérite pas d'être raconté en détail ; j'en dirai seulement ce qui explique et la lettre et le sérieux. Il s'agit de comptes entre elle et le défunt : elle lui avait donné à vendre divers objets, et ne sait s'il les a vendus ou non, ni comment elle pourra récupérer les objets ou le prix de leur vente. Il suffira d'aller au magasin ; il doit bien exister un registre, des écritures, où tout sera noté ; j'ai promis à Rita de l'y accompagner demain. Rassurée, elle a retrouvé son sourire, puis m'a dit de quels objets il s'agissait : de vieux tableaux, des romans déjà lus.

Elle a dîné avec moi. Avant de nous mettre à table, nous avons vu passer l'enterrement de Fernandès. Elle a eu la patience de compter les voitures. Pauvre de moi : enfant, je les comptais aussi ; elle, du moins, semble ne pas avoir perdu cette manie. Derrière Fernandès suivaient trente-sept ou trente-huit voitures.

Je conserve la présente page à seule fin de me rappeler que le hasard aussi peut faire d'un mensonge vérité. Un homme qui commence à mentir, sous le masque ou effrontément, finit souvent par se retrouver exact et véridique.

22 mai

En chemin, Rita m'a raconté ce qu'elle sait maintenant de la lettre de Tristan et de la réponse de Dona Carmo. Elle en sait plus long que moi : Dona Carmo lui a lu les deux lettres. Tristan demande mille pardons pour ses longues années de silence, en invoquant occupations et distractions. Dernièrement, après avoir été reçu docteur en médecine, il a voyagé en divers pays où il a beaucoup vu et beaucoup appris. Ne pouvant raconter par écrit ces voyages, il le fera un jour de vive voix, s'il vient ici. Il demande des nouvelles de Dona Carmo et de son parrain, souhaite recevoir des photographies et annonce l'envoi par la poste de quelques gravures ; il leur transmet également le bon souvenir de son père et de sa mère, fixés à Lisbonne. La lettre est longue, pleine d'affection et de nostalgie. Quant à la réponse, Rita m'a dit qu'elle était écrite sur un ton vraiment maternel. La marraine n'y montre aucune colère, elle est toute pardon et tendresse. Elle se plaint d'une seule chose : de ce qu'il demande de leurs photographies sans en envoyer en même temps une de lui, la plus récente ; les anciennes, elles, étant toujours là. La lettre est longue. Dona Carmo y évoque à plaisir le passé, l'enfance de Tristan, ses études, puis se termine par une invite discrète : oui, qu'il vienne leur raconter ses voyages. Les gravures reçues sont de la maison Goupil.

C'est la semaine dernière, le 15, que Rita est passée voir son amie, au début de l'après-midi. La veuve venait de quitter la maison pour rentrer chez son oncle le Conseiller. Malgré les regrets de cette séparation, Dona Carmo était heureuse de ce qu'entre elles l'affection ne cessât de croître ; et heureuse, bien sûr, de la résurrection de son filleul. C'est elle qui parle de résurrection, car elle avait cru qu'il les avait complètement oubliés. Elle voyait maintenant qu'il n'en était rien, que le cœur du garçon n'avait pas changé depuis son départ. Au cours de la conversation et des silences qui la coupaient, il lui venait des moments de mélancolie et, une fois, Rita croit avoir vu perler une larme, une petite larme de rien du tout...

23 mai

*Les morts vont vite**. Le brocanteur à peine enterré, je l'avais oublié. C'est ainsi qu'en rapportant les événements d'hier, j'ai omis de dire que nous avons trouvé au magasin tous les objets de Rita dûment enregistrés, vendus, et l'argent à la disposition de la cliente. Il s'agit d'une petite somme, on la lui remettra en temps utile. Cela ne méritait peut-être pas d'être noté ; disons que c'est un hommage à la mémoire du défunt.

J'allais oublier un autre point encore, une nouvelle bien plus importante ; en effet, le métier de vendeur à l'encan peut disparaître un jour, mais pas l'amour, qui ne vieillit ni ne meurt. Si j'allais oublier de noter la nouvelle, la faute en est à ma sœur Rita qui a attendu, pour me la communiquer, que nous soyons arrivés au Largo São Francisco et elle à l'instant de prendre son tram. Je cite ses propres paroles : il paraît que Fidélia a mordu quelqu'un.

– Mordu ? ai-je demandé, sans d'abord comprendre.

– Oui, il y a quelqu'un qui en est... mordu.

– Oh ! ai-je répliqué, il ne doit pas être le seul.

Elle n'a pas eu le temps de me répondre, elle avait grimpé dans le tram qui allait démarrer ; elle m'a serré la main en souriant, avant un geste d'adieu.

---

* En français dans le texte.

24 mai, midi

Ce matin, comme je pensais à la personne mordue par la veuve, la veuve elle-même est venue me trouver pour me demander si elle devait soigner la blessure ou non. Elle se tenait au milieu de mon salon, dans son habituelle toilette noire à parements blancs ; je l'ai fait asseoir sur le canapé, ai pris une chaise et attendu qu'elle me parlât.

– Conseiller, a-t-elle commencé, mi-sérieuse mi-badine, à votre avis, que dois-je faire ? Me marier ou rester veuve ?

– Ni l'un ni l'autre.

– Ne vous moquez pas, Conseiller.

– Je ne me moque pas, chère madame. Rester veuve ? Si jeune encore, ce n'est pas ce qu'il vous faut. Vous marier ? Oui, mais avec qui, sinon avec moi ?

– J'avais précisément pensé à vous.

Je lui ai pris les mains, nous avons échangé un long, un profond regard – si profond, le mien, qu'il a traversé son front, sa nuque, le dossier du canapé, la cloison du salon, pour s'arrêter enfin sur le visage de mon domestique, seule personne présente dans la chambre où j'étais couché. De la rue montaient les cris de presque tous les matins ; "À mes balais ! À mes plumeaux !". J'ai compris que j'avais fait un rêve, et l'ai trouvé plaisant. Les cris ont continué à monter pendant que mon brave José s'excusait d'être entré, mais il était plus de neuf heures, presque dix. Et la journée a commencé comme les autres : mes ablutions, mon café, mes journaux. Certains d'entre eux célèbrent l'anniversaire de la bataille de Tuiuti*.

---

* Une des batailles de la guerre menée contre le Paraguay du dictateur Solano Lopez par le Brésil, l'Argentine et l'Uruguay. Le dictateur disposait, au début des hostilités, de l'armée la plus puissante de toute l'Amérique du Sud.

Cela me rappelle un épisode de ma carrière diplomatique : lorsqu'est parvenue là-bas la nouvelle de notre victoire, j'ai dû fournir quelques renseignements à des journalistes soucieux d'exactitude. Dans vingt ans, je ne serai plus là pour rappeler l'événement ; vingt ans encore, et il n'y aura plus de survivants parmi les journalistes et diplomates intéressés, ou si peu ; vingt ans encore, et plus rien. La Terre continuera pourtant à tourner autour du soleil en obéissant avec la même rigueur aux lois qui régissent leur course, et la bataille de Tuiuti, comme celle des Thermopyles, comme celle d'Iéna, jettera du fond de l'abîme le fameux cri de Renan dans sa Prière sur l'Acropole : "Ô abîme, tu es le dieu unique !"

J'arrête ici un propos qui est tombé du désordre dans la désolation – tout cela pour avoir voulu noter un fait dérisoire. Je peux dire avec Dom Francisco Manuel* : "La nature m'a fait minutieux et prolixe ; la solitude, et la mélancolie qui tant se préoccupe de soi..." Il y a deux pages dans celle que j'achève, deux pages qui s'opposent, filles toutes deux de la même âme de sexagénaire à la fois désabusé et plein d'appétits. En fait, pas tellement désabusé ni plein d'appétits. Des mots, voilà tout, nés du papier et bons pour le papier.

26 mai

Voici le signalement du personnage mordu. Vingt-huit ans, célibataire, avocat de la Banque du Sud, d'où ses relations avec le fondé de pouvoir Aguiar ; bonne mine, bonnes manières, un peu timide à l'occasion. Il est fils d'un ancien propriétaire terrien, aujourd'hui retiré à Recife. On

---

* D. Francisco Manuel de Melo (1618-1666), auteur notamment de lettres édifiantes et de diverses œuvres morales.

lui prête beaucoup de talent et un grand avenir. Il s'appelle Osorio.

Il était à Flamengo le soir du 14, pour la première soirée des Aguiar. Je n'avais rien remarqué qui révélât l'inclination qu'on lui prête, mais il paraît qu'il était déjà amoureux de la veuve et que sa passion va croissant. Il continue de la voir chez le Conseiller, chez qui il l'a connue. Qui sait si ne sortiraient pas de là des fiançailles, ce qui ferait perdre à Rita son pari ? Fidélia peut fort bien se remarier sans oublier son premier mari ni rien renier de l'amour qu'elle a eu pour lui.

29 mai

Hier, à la soirée des Aguiar, j'ai pu vérifier que le jeune avocat est bel et bien mordu. Comment expliquer autrement les regards qu'il lui jette ? Vraiment, il la couve des yeux. Il est timide, c'est exact, mais d'une timidité qui se confond avec le respect et l'adoration. Si l'on dansait chez les Aguiar, je pense qu'il solliciterait à peine un quadrille, et n'oserait pas l'inviter à valser. Ils se sont entretenus à deux reprises, assez longuement, et c'est elle surtout qui a parlé. Osorio n'a guère fait que la contempler, et il avait bien raison tant la dame montrait de charme, sans se départir de la dignité qui sied à une veuve.

Moi aussi je lui ai parlé, dans l'embrasure d'une fenêtre. Contemplant notre baie, nous étions d'accord pour dire qu'il n'en existe pas au monde qui la surpasse.

– Je n'en ai pas vu beaucoup d'autres, a-t-elle déclaré, mais je n'en ai trouvé aucune qui vaille celle de notre Rio de Janeiro.

Nous avons dit là-dessus des choses intéressantes, elle du moins, mais moi aussi, après tout. J'ai eu envie de lui demander si, dans les mers qu'elle avait traversées, elle avait aperçu quelque poisson du genre de celui qui rôde actuellement autour d'elle; mais nous ne sommes pas assez intimes et j'aurais manqué à la courtoisie. Nous avons parlé de la ville, des distractions qu'elle offre. Elle ne va à aucun spectacle d'aucun genre, n'est au courant de rien de ce qui se donne, pas plus des drames que des opéras; je n'ai pas insisté. Évoquer le théâtre lyrique m'a simplement permis d'en venir à ses talents de pianiste, dont j'avais entendu dire grand bien.

– Opinions dictées par l'amitié, a-t-elle répondu en souriant.

Elle a ajouté qu'elle n'ouvre plus son piano depuis longtemps et va probablement oublier le peu qu'elle sait. Sur ce dernier point, elle n'était peut-être pas entièrement sincère, mais on doit tout pardonner à la modestie, et c'est bien de modestie qu'il s'agit dans son cas. J'ai orienté la conversation de façon que Fidélia ait plus à parler que moi, et elle n'a pas refusé cette distribution des rôles. Elle a peu parlé d'elle mais beaucoup des Aguiar, et avec chaleur. Je n'ai rien appris de nouveau mais tout ce qu'elle disait de ses sentiments pour le vieux couple venait du cœur. Elle m'a confié qu'entre sa propre mère et Dona Carmo elle trouvait des ressemblances qui lui rappelaient la défunte – ou bien ne serait-ce qu'un effet de l'affection que Dona Carmo lui témoigne? Finalement nous nous sommes quittés presque amis.

Je n'ai pas répété aux Aguiar ce que la veuve Noronha m'avait dit d'eux; quand j'ai parlé à Dona Carmo des talents de musicienne de la jeune femme, elle m'a confirmé que la veuve est décidée à ne plus jouer, sans quoi ils lui auraient demandé de me faire entendre quelque chose.

– L'amour de son art, ai-je répliqué, l'amènera bien un jour à jouer chez elle, sans témoins.

– Peut-être; en tout cas je ne la prierai pas de jouer ici; les applaudissements pourraient aviver en elle le regret douloureux du passé – ou, s'ils l'en détournaient, ils lui ôteraient un peu du plaisir de souffrir pour son mari. C'est un ange, ne trouvez-vous pas ?

J'ai acquiescé sur ce point ; j'aurais acquiescé sur bien d'autres si on m'avait demandé mon avis. Dona Carmo croit à une réconciliation avec le père mais ne craint pas pour autant de perdre Fidélia. Celle-ci saura nourrir deux fois des sentiments filiaux : ainsi peut se résumer ce qu'elle m'a dit, sans préciser la nature de l'affection qu'elle lui porte. Quant à sa formule sur "le plaisir de souffrir pour son mari", j'en tire la conclusion que l'épouse d'Aguiar est de ces êtres pour qui la souffrance est chose sacrée.

Fin mai

Dernier jour du mois. Mai est chanté par nos poètes comme le mois des fleurs, alors que chez nous on peut en dire autant de l'année entière. Pour ma part, j'ai eu beaucoup de mal à me faire aux changements de saison que j'ai découverts à l'étranger. La veuve Noronha, au contraire, d'après ce qu'elle m'a dit lors de la dernière soirée à Flamengo, a été ravie du climat de ces terres lointaines, elle qui pourtant est née ici et a grandi en fille de nos champs. Il y a des êtres dont le lieu de naissance semble une méprise du destin : c'est un autre ciel qu'il leur faut ; s'il leur est donné de passer du premier au second, c'est comme si on leur rendait leur vrai ciel. Il s'agit là sans doute de natures peu communes, mais je n'ai jamais écrit qu'en Fidélia il y eût rien de commun.

En évoquant devant moi ce qu'elle a ressenti là-bas à l'arrivée du printemps, ainsi qu'à celle de l'hiver et de ses frimas, elle était animée, captivante. Je me suis demandé si elle n'était pas destinée à passer des frimas aux fleurs du fait d'un certain Docteur Osorio… Je fais suivre ma phrase des points de suspension dont s'est alors accompagnée ma pensée.

9 juin

Encore rien écrit ce mois-ci. Cela n'a pas été faute de matière, au contraire ; faute de temps non plus ; faute d'en avoir le goût, peut-être. Aujourd'hui, le goût m'en revient.

La matière, elle, surabonde. Avant tout, ceci : Osorio a reçu une lettre de son père qui lui demande de se rendre au plus vite auprès de lui ; il est malade, peut-être même en danger. Osorio a fait ses bagages et s'est embarqué pour Recife. Pas tout de suite ; il semble que l'image de Fidélia l'ait retenu deux ou trois jours ; peut-être parce qu'il n'arrivait pas à s'éloigner d'elle, peut-être par crainte de se voir supplanté par un tiers, à moins que ce ne soit pour les deux raisons à la fois.

Les parents ont bien tort de tomber malades, surtout quand ils habitent Recife ou n'importe quelle ville qui ne soit pas celle où leurs fils vivent leurs amours auprès de leurs dames. Le grand âge a ses droits, la jeunesse les siens ; en gêner l'exercice est presque un crime. Si j'avais eu l'occasion de le dire à Osorio, il ne serait peut-être pas parti ; il aurait trouvé dans ma pensée comme un écho de ce que lui même ressentait ; mais personne ne lui a rien dit.

On peut imaginer pour lui une autre solution, conciliant la piété filiale et l'amour : une lettre à Fidélia lui annonçant qu'il allait s'embarquer et sollicitant quelques minutes d'entretien. La lettre, si on la suppose un peu hardie, piquerait la curiosité de la veuve, et l'entretien aurait lieu, que ce soit en présence du Conseiller ou non, peu importe. Le cher homme préférerait peut-être s'éclipser.

– Vous pouvez rester, tonton, dirait-elle à l'arrivée d'Osorio.

– Mais non, mais non, il vaut mieux que je sorte. Il va probablement t'entretenir de quelque cas de chicane, ajouterait-il avec un petit sourire, et un magistrat ne doit rien savoir à ce stade de l'affaire ; plus tard, je serai appelé à juger.

Osorio entrerait ; après quelques mots de salutation, il demanderait sa main à la veuve. Supposons un refus : elle le formulerait en termes courtois, presque affectueux, disant qu'elle regrettait, mais qu'elle avait résolu de ne pas se remarier. Long silence. On devine assez le reste. Osorio demanderait peut-être encore s'il s'agissait là d'une résolution définitive ; à quoi elle répondrait oui, d'un signe de tête, pour couper court à l'entretien, et lui se retirerait. Fidélia courrait tout raconter à son oncle. Je veux croire que celui-ci plaiderait la cause de l'avocat, ferait ressortir ses grandes qualités, la belle carrière qui l'attend, la respectabilité de sa famille, etc., etc. Fidélia dirait ne pas regretter son refus.

– J'ai résolu de ne pas me marier, répéterait-elle pour la troisième fois de la journée.

C'est par trois fois que saint Pierre a renié le Christ avant que le coq ne chante. Pour l'oncle et la nièce, ce ne serait pas l'heure du coq ni de son chant, mais celle du dîner, et tous deux ne tarderaient pas à passer à table. Pendant les premières minutes ils n'échangeraient pas une parole, lui songeant aux avantages que sa nièce aurait trouvés à ce mariage, elle revenant en pensée sur ce qu'elle avait ressenti à se savoir ainsi aimée. Si fermement qu'on la refuse, on ne laisse pas de savourer la passion qu'on inspire. C'est une femme qui m'a fait cette confidence – en quelle langue, je ne me souviens plus, mais tel était bien le sens. Pour finir, Fidélia quitterait la table sans pleurer, alors que Pierre a pleuré après le chant du coq.

Pures fumées de mon imagination. La seule réalité, c'est qu'Osorio est parti, qu'il s'éloigne et que la veuve reste ici, sans rien perdre de ses charmes, qui chaque jour me paraissent plus grands. Je l'ai rencontrée aujourd'hui, et si je ne me suis pas jetée sur elle comme sur une proie, ce n'est pas faute de force ni d'impulsion brutale. J'aurais voulu aussi lui demander si elle n'avait pas rêvé de son prétendant éconduit, mais la confiance que je commence à lui inspirer ne permet pas d'indiscrétions de ce genre, et d'ailleurs elle ne m'aurait rien révélé d'intime. Elle m'a révélé, en revanche, que la réconciliation avec son père est en vue, dût-elle pour cela se rendre à la plantation. J'ai naturellement approuvé. Fidélia a précisé que son père, dans sa dernière lettre à son frère, lui avait transmis son souvenir – pas nominalement mais par le détour d'une expression générale: "mon souvenir à tout le monde."

– Il doit lui en coûter de faire les premiers pas, a-t-elle poursuivi, mais moi je les ferai volontiers.

– Naturellement.

– Quant à notre rupture, naguère, elle était inévitable. Vous avez passé tant d'années à l'étranger, Conseiller, que vous ne pouvez pas vous faire une idée de ce que sont nos haines de clocher. Papa est le meilleur des hommes, mais il ne pardonnera jamais à un adversaire. Aujourd'hui, je crois que tout est fini: l'abolition l'a dégoûté de la politique. Il a déjà fait dire aux chefs du parti conservateur qu'ils ne comptent plus sur lui. Ce sont ces haines, liées aux rivalités politiques locales, qui ont provoqué notre séparation, mais vous pouvez croire qu'il a souffert, de son côté, autant que mon mari et moi.

Pour me montrer ce qu'eux deux avaient enduré, elle a évoqué divers souvenirs de sa vie conjugale, qui m'ont beaucoup intéressé. Je n'en note qu'un, pour faire plus bref. Un an environ après leur mariage, ils avaient eu l'idée de proposer aux parents la réconciliation des familles. Le mari écrirait d'abord à son père; s'il obtenait une réponse encourageante, elle, à son tour, écrirait au sien et ils attendraient la seconde réponse. Dans sa lettre, le mari disait leur bonheur et leurs espérances, et terminait en demandant à son père de le bénir, ou du moins de lever sa malédiction. La lettre était longue, tendre, affectueuse.

– Mon mari ne m'a jamais montré la réponse, a enchaîné Fidélia ; au contraire, il a prétendu n'en avoir reçu aucune. C'est moi qui l'ai trouvée après sa mort, six ou huit mois plus tard, en classant des papiers, et j'ai compris pourquoi il me l'avait cachée.

Elle s'est tue. Curieux d'en savoir davantage, j'ai fait appel à ma muse diplomatique et pensé amener ma récente amie à compléter ou corriger son propos en lui disant :

– Quoi qu'il ait pu écrire sur vous ou sur votre père, c'était assez naturel sous la plume d'un ennemi…

– Non, non, a répliqué Fidélia, il n'a eu aucun mot haineux. C'est sans plaisir que je vous livre le contenu de la lettre, une ligne et demie, en tout et pour tout : "J'ai reçu ta lettre, mais je n'ai pas reçu ton remède pour mon rhumatisme." Pas un mot de plus. Il était rhumatisant et mon mari, comme vous savez, médecin.

Elle a ri avec moi. Je ne m'attendais pas qu'on maniât ainsi l'ironie dans le Paraïba du Sud et j'ai compris la réserve du mari. J'ai fort bien compris aussi la confidence de la veuve : en apportant ce témoignage, elle cédait, entre autres mobiles, au besoin de faire porter au père de son mari une part de la responsabilité qui revenait au sien. Elle ne pouvait éviter que ne parlât en elle le sang du vieux planteur. Elle était bien Santa-Pia.

14 juin

Mauvaises nouvelles de Santa-Pia. Le baron a eu une congestion cérébrale ; Fidélia et son oncle partent demain pour la plantation. Il n'est pas facile de deviner ce qui va sortir de là, mais il ne serait pas difficile de romancer une suite, que plus tard les faits démentiraient, le romancier se consolant avec le produit de son imagination. Mieux vaut me borner à dire que la réconciliation semble devoir intervenir plus tôt que prévu, et bien tristement.

15 juin

Il y a dans la vie des symétries inattendues. À cause de leurs pères malades, Osorio est parti pour Recife et Fidélia va partir pour le Paraïba du Sud. Si un roman proposait semblable parallélisme, il se trouverait bien un critique pour crier à l'invraisemblance, et pourtant le poète disait déjà que le vrai peut quelquefois n'être pas vraisemblable. Je passerai aujourd'hui chez les Aguiar, voir s'ils regrettent déjà leur fille adoptive, qui doit les avoir quittés.

16 juin

Oui, elle les a quittés, et en laissant derrière elle les regrets les plus sensibles. J'ai trouvé les Aguiar seuls, nous avons parlé de notre amie. À vrai dire, ils étaient moins tristes de son départ que des pensées tristes qui l'agitaient en partant : je veux dire que c'est son chagrin à elle, à ce qu'il m'a semblé, qui leur serrait le cœur. Quant à son absence, ils comptent qu'elle ne sera pas trop longue et que des visites à la capitale viendront l'adoucir ; de toute façon, la distance n'est pas telle qu'ils ne puissent eux-mêmes faire un saut jusqu'à la plantation. Tels sont les sentiments et les espoirs que j'ai devinés chez eux. Ils m'ont parlé du coup qui a frappé la jeune femme. Dona Carmo m'a dit qu'on ne pouvait imaginer à quel point elle était abattue.

– Je lui ai offert de l'accompagner à la plantation ; elle a refusé mais, tout émue, elle m'a donné pour la première fois le nom que le Ciel n'a pas voulu me voir porter sur cette terre: "Merci, ma chère mère", et elle m'a embrassée avec la plus grande tendresse.

Ma tendresse à moi n'est pas grande – ni petite, peut-être –, mais j'ai compris ce qu'avait ressenti la bonne dame, et apprécié que dans des circonstances aussi pénibles Fidélia ait su trouver pour elle ces mots venus du cœur. Dona Carmo en a visiblement été très touchée, son mari aussi. Celui-ci, d'ailleurs, le regard lointain, a laissé parler sa femme sans intervenir; de toute évidence, il ne voulait pas paraître faible en laissant voir son émotion, mais cette faiblesse, s'il faut l'appeler ainsi, son comportement l'a bientôt trahie: il s'est levé, s'est rassis, a allumé un cigare, rectifié la position d'un vase... Quant à moi, J'ai essayé de dissiper la mélancolie ambiante en demandant si les affaires du baron étaient florissantes, si ses esclaves... Chez Aguiar, alors, l'homme de banque a repris le dessus, il s'est lancé dans divers commentaires sur la culture du café et les titres de rente.

Sur ce, est entré un ami de la famille qui a parlé lui aussi du baron. À son avis, ses affaires ne vont pas mal; même compte tenu de la perte des esclaves, sa fortune s'élèverait à quelque trois cents millions. Aguiar a dit ne pas disposer d'informations exactes, mais l'évaluation lui a paru correcte.

– Il n'a que cette fille, a conclu le visiteur, et il est probable qu'elle se remariera.

Pour être agréable à nos hôtes, j'ai eu envie de soutenir le contraire, mais ma vieille manie de discrétion m'a fait ravaler ma remarque, ce dont je me repens maintenant. Au fond, je finis par me faire à l'idée d'un veuvage perpétuel de la dame, par jalousie, peut-être, parce que j'envierais trop l'homme qu'elle épouserait. Je suis désormais persuadé qu'elle va réellement rester veuve. Non seulement par fidélité à la mémoire de son mari, mais parce qu'en dehors de ce qui touche aux choses de l'esprit, à l'art, elle n'a de goût pour presque rien, ou vraiment rien. Que ceci reste entre nous, papier mon ami, à qui je confie tout ce que je pense et tout ce que je n'ose pas penser.

17 juin

Le baron de Santa-Pia est au plus mal.

18 juin

Vive la Fortune, qui sait parfois adoucir la souffrance aiguë par quelque baume inespéré. Les Aguiar ont reçu une lettre de Tristan qui leur annonce sa venue au Brésil, peut-être par le prochain bateau. À peine avais-je franchi la porte… C'était leur jour, et j'ai su depuis qu'ils avaient songé à reporter la réception par égard pour le chagrin de Fidélia, avant de considérer qu'il s'agissait d'une soirée toute simple, que l'on n'y dansait pas, que l'on y chantait rarement : en somme, on ne faisait que prendre le thé et bavarder ; la réception pouvait donc être maintenue sans scandale.

À peine, disais-je, avais-je franchi la porte, qu'Aguiar m'a annoncé la nouvelle. Quand je suis allé saluer Dona Carmo et lui ai adressé mes félicitations pour la venue du jeune homme, elle m'a écouté avec le plus vif plaisir. Une demi-heure plus tard, elle et moi avons reparlé de l'événement, mais c'est elle, cette fois, qui en a pris l'initiative : elle m'a raconté comment, alors qu'elle était à la maison, elle avait soudain vu entrer dans le jardin un employé de la banque apportant un billet de son mari ; il y communiquait la bonne nouvelle et y avait joint la lettre de Tristan. Dona Carmo désirait évidemment me faire partager son émotion. Je connais ces intentions à la fois cachées et évidentes : ainsi ont toujours fait les gens heureux.

Comme nous étions peu nombreux et tous assez intimes, vers la fin de la soirée la conversation roulait tout entière sur celui que les Aguiar vont bientôt accueillir... Voilà donc qu'il arrivait, le protégé qu'ils avaient cru oublieux, presque ingrat, qui avait été lui aussi comme leur enfant, qu'ils avaient aidé à élever, qu'ils avaient aimé. Aguiar et sa femme ont répondu à toutes les questions le concernant, et évoqué des souvenirs de sa petite enfance: mots d'enfant, espiègleries, caprices aussi, parfois – mais un caprice d'enfant ne fâche que sur le moment; avec le temps, on lui trouve du charme, le charme de ce qui fut et n'est plus. Une des dames présentes a voulu rappeler diverses circonstances illustrant le tendre dévouement de Dona Carmo pour l'enfant, mais la bonne vieille a vite coupé court, et l'assistance est restée sur sa faim. Soirée toute familiale. J'ai pris congé assez tôt et suis rentré boire mon lait, écrire ces lignes, et dormir. Ami papier, à bientôt.

20 juin

Télégramme du Paraïba du Sud: "Le baron de Santa-Pia est mort ce matin." Je vais communiquer la nouvelle à ma sœur Rita et envoyer des cartes de condoléances. Convient-il d'en envoyer aussi aux Aguiar? Non, pas de condoléances, une visite discrète et affectueuse, demain ou un peu plus tard...

21 juin

Aguiar veut aller à la plantation de Santa-Pia, présenter ses condoléances à Fidélia. Il part demain, sans Dona Carmo. C'est ce qu'il m'a annoncé rue de l'Ouvidor.

– Je lui ai déjà adressé les miennes, lui ai-je dit. Recevez-les également si l'affection qui vous lie à Fidélia justifie que vous preniez une telle part à son malheur...

– Ma femme et moi ressentons profondément la douleur qui accable notre amie. Dona Carmo voulait venir avec moi, c'est moi qui n'ai pas voulu : un aller et retour aussi rapide pouvait la fatiguer gravement.

Et voilà : l'arrivée de son fils remplissait Aguiar de joie ; le malheur de sa fille vient l'assombrir ; à son tour, la tristesse inspirée par la jeune femme s'effacera devant la joie apportée par le garçon. Ainsi va le monde : tout s'y émousse, et c'est tant mieux. Le pire, pour les Aguiar, c'est que Fidélia et Tristan ne sont pas les enfants de leur sang mais seulement de leur cœur ; il est vrai que ceux-ci les consolent de l'absence des autres, et que souvent les vrais enfants sont ceux du cœur.

21 juin au soir

Ma chère sœur a passé la journée ici ; elle voulait aller rendre visite aux Aguiar, je l'ai persuadée d'y aller avec moi demain.

23 juin

Hier donc, ma sœur et moi sommes allés voir Dona Carmo. J'ai pris congé plus tôt que je n'aurais voulu ; si j'avais pu, je serais resté là-bas plus longtemps.

J'ai trouvé la bonne dame entre triste et joyeuse, si cette expression peut définir un état que je renonce à décrire. Elle nous a reçus comme elle sait toujours le faire, avec cette gentillesse spontanée qui rend sa conversation, sa manière d'être, véritablement délicieuses. Lorsqu'il a été question de Fidélia, sa tristesse a fait écho à celle de son amie ; quant au départ de son mari, la veille, elle en a parlé sans dire un mot de ses responsabilités à la banque, qu'il a dû cesser d'assumer. Nous n'avons pas tardé cependant à l'interroger sur son filleul ; ses réponses, alors, ont traduit une profonde satisfaction. Pendant tout le reste de la visite, nous ne nous sommes entretenus que de ses deux protégés, la conversation passant de l'un à l'autre mais s'attardant de préférence sur le garçon, ce qui est bien naturel tant a été longue son absence, lointain son exil et inattendu son retour.

Dona Carmo a repris ses confidences de l'autre soir, plus intimes cette fois puisque nous n'étions que nous trois. Elle n'allait pas nous raconter toute la vie du petit Tristan, elle-même a reconnu que la journée n'y aurait pas suffi ; mais sur l'important elle nous a beaucoup dit. Il a été un enfant fragile, menu à l'excès, une ombre d'enfant, une petite créature manquant de vie... Elle n'a pas dit qu'elle s'était faite mère pour lui : elle ignore comment on se tresse des éloges ; mais je savais qu'elle avait bel et bien tenu ce rôle, et tout ce qu'elle racontait le laissait deviner. En souriant, Rita a risqué cette remarque :

– Les enfants ne savent pas le mal qu'ils donnent, et ils s'empressent d'oublier le peu qu'ils en savent.

– Il faut excuser chez Tristan, a répliqué Dona Carmo, ce qui est commun à tous les jeunes gens. Il n'a pas mauvais fond ; il nous a un peu oubliés mais l'âge en a été la cause, joint à la découverte d'horizons nouveaux. La preuve en est qu'il revient nous voir, et si vous lisiez ses lettres... Aguiar ne vous a pas montré la dernière ?

– Non, chère madame, il m'en a seulement indiqué le contenu.

– Peut-être ne vous a-t-il pas tout dit.

Je pense qu'elle avait envie de me montrer ce qu'écrivait le garçon, fût-ce une seule lettre, un passage, une ligne, mais que la crainte d'ennuyer l'a retenue. C'est l'impression que j'ai eue, je la rapporte telle quelle. Nous sommes ensuite revenus à la veuve, et puis à nouveau à Tristan, et c'est seulement par courtoisie que Dona Carmo est passée à un autre sujet ; mais pour aller du côté où penchait son cœur, j'ai ramené la conversation sur ses enfants "d'emprunt" : c'était ma façon à moi de me montrer courtois envers la chère dame. J'ai pris congé enchanté de la compagnie mais enfin – il me coûte de le dire – j'ai pris congé et ma sœur Rita m'a suivi. Dans la rue, elle a eu ce mot :

– Il y a peu d'êtres au monde qui la vaillent.

– Je le pense aussi, c'est une femme remarquable, soit dit sans faire injure à tes mérites.

– Ne me compare pas à elle, a coupé Rita. Je ne me juge pas mauvaise mais je ne lui arrive pas à la cheville. Observe qu'elle est toute bonté, jusque dans ses jugements, qui sont parfois erronés parce qu'elle pardonne tout, qu'elle trouve à tout des excuses. Moi, non : je pense que beaucoup de gens sont méchants et, s'il y a lieu de le dire, je le dis. Dona Carmo, elle, est incapable de critiquer quelqu'un. Si d'aventure elle s'autorise une remarque, c'est toujours pour justifier, pour expliquer ; au pire, elle se tait.

24 juin

J'ai évoqué hier avec la femme d'Aguiar les vieilles traditions des fêtes de juin, la Saint-Antoine et la Saint-Pierre, les feux de la Saint-Jean et leurs présages. Dona Carmo en a profité pour revenir à son fils adoptif. Au diable ce fils. C'est sa fille adoptive qui, pour l'heure, est sûrement bien triste là-bas dans la vieille bâtisse de la plantation où, jeune fille, elle a dû passer les nuits de la Saint-Jean à rêver, à espérer, à interroger superstitieusement l'avenir. Cette année, comment peut-elle vivre une telle nuit sinon dans la peine, elle qui n'a plus de père ni de mère pour en entretenir le souvenir, ni de mari pour remplacer l'un et l'autre ? Qu'est-ce qu'un oncle, pour combler tous ces vides ?

Moi aussi, autrefois, avec des camarades, je me suis amusé à consulter le sort. Pour figurer le Destin il suffisait d'un rien, un livre, les strophes d'un rimailleur, une paire de dés. "On doit épouser qui l'on aime", disait par exemple un titre en haut d'une page; on jetait les dés: sortaient le cinq et le deux; cinq et deux, sept: on se reportait donc à la septième strophe. Supposons qu'on y lût... Bah! je raye les vers que je viens de transcrire ici. En général, la strophe était au moins plaisante, mais elle pouvait aussi railler celui qui consultait le Destin. Tout le monde riait, certains y croyaient, cela faisait en tout cas passer le temps jusqu'à l'heure du sommeil. Arrivait alors ce vieux valet de chambre de l'humanité que les païens appelaient Morphée et qui a aidé païens et chrétiens, sans oublier les incrédules, en leur fermant les yeux de ses éternels doigts de plomb. Aujourd'hui, sommeil mon ami, tu ne viendras que dans une heure ou deux, sans dés ni présages. Tout au plus m'apporteras-tu des songes, qui ne seront plus mes songes d'autrefois.

27 juin

Messe pour le baron de Santa-Pia à Saint-François de Paule. La famille n'était représentée que par le fils du Conseiller; celui-ci avait déjà suivi un office à la plantation, avec sa nièce. Pour elle, cela a dû être un souvenir de plus des temps anciens. La propriété a sa propre chapelle, un prêtre y disait la messe le dimanche et confessait pendant le carême. J'ai connu moi aussi cet usage dans mon enfance et je me rappelle encore qu'à l'époque du carême nous essayions, les autres gamins et moi, d'échapper à la confession en nous cachant sous les lits ou en divers recoins de la maison. En ce temps-là déjà, nous tenions les cérémonies religieuses pour des corvées à éviter. Pourtant, le prêtre qui m'a confessé pour la première fois était doux, attentif, il me guidait dans ma recherche des péchés à énumérer et, à ce qu'il m'a semblé, il tenait toute prête l'absolution avant même d'avoir entendu les fautes. Si je me trompe, j'en demande pardon à sa mémoire. Tout cela est si loin. Je me suis confessé une seconde fois à l'occasion de mon mariage. Depuis, je n'ai eu que des vertus.

Beaucoup de monde à Saint-François de Paule. À la sacristie, sur de grandes feuilles, chacun inscrivait son nom, et parfois celui de tel ou tel absent qui l'avait chargé de ce soin. J'ai vu des magistrats, des avocats, des personnalités du commerce et de l'administration, et des femmes, quelques femmes. Des jeunes, amies de Fidélia, et d'autres, âgées, de la génération de sa mère. Parmi elles, celle qui pour rien au monde n'aurait manqué la cérémonie, eût-elle dû y être seule : pas une parente, une simple amie de Fidélia, la bonne Dona Carmo, évidemment. Rita aussi était là ; elle est venue ensuite déjeuner chez moi.

S'il était possible qu'un prêtre dise la messe en fonction des circonstances, je dirais que le curé de Saint-François de Paule s'est fait aussi peu présent que la famille du mort, tant il est allé vite ; mais non, chaque prêtre a sa façon à lui de dire la messe, toujours la même, lente ou précipitée, comme il a sa façon de lire ou de parler.

30 juin

Eh bien, la veuve Noronha a adressé à Dona Carmo une lettre qui est un vrai document psychologique, le reflet d'une âme. En me faisant l'amitié de me la montrer, les Aguiar m'avaient déjà disposé à la trouver intéressante avant même de l'avoir lue ; c'était superflu : la lecture m'a fait découvrir des pages vraiment dignes d'intérêt ; je le répète, et j'en ai relu certains passages plusieurs fois. Pas de phrases toutes faites ni de tournures recherchées : c'est une lettre simplement simple, si cet adverbe et cet adjectif peuvent être associés, et je suis d'avis qu'ils le peuvent, à mon goût du moins.

Quatre pages seulement, non pas sur le papier dont chacun se sert aujourd'hui, mais sur le papier d'autrefois, celui qu'on appelait lourd – le fameux Bath – dont il y avait une réserve à la plantation pour l'usage du baron. Fidélia y parle longuement de son père, des tendres regrets qu'elle est allée cueillir là-bas, des souvenirs que tout a fait lever en elle, décor des chambres, des salons, colonnes de la véranda, et les dalles de la pièce d'eau, et la modeste chapelle. Quelques lignes aussi, dans cette chronique d'un passage rapide, sur les petits esclaves naguère attachés à la maisonnée, négrillons et jeunes femmes de chambre qu'elle retrouvait adultes, libres maintenant mais aussi attachés à elle qu'au temps de leur esclavage. Et je l'imaginais là-bas, aux prises avec les fantômes de son passé, avec l'image de son père, de sa mère à ses côtés et – à la fois proche et lointaine, dans les pièces comme au fond de son cœur – l'image de son mari, si présente que j'ai cru la voir et qu'elle m'a paru ne jamais devoir s'effacer.

Je me rends peu à peu à l'évidence que cette jeune femme a l'âme encore plus belle que je ne l'avais d'abord pensé. La question n'est pas de savoir si elle aime ou non son défunt mari ; elle l'aime, je le crois, mais la fidélité n'ajoute rien à la noblesse de ses sentiments. Qu'elle s'explique par les qualités de son mari ou par les siennes propres, ou par celles de leur couple, ce n'est pas elle qui fait la valeur de cet être. Sa vraie valeur réside dans sa faculté d'aller au-delà des impressions vives et pures que produit sur elle la réalité, et d'analyser et penser ce qu'elle y trouve. Y a-t-il dans ce jugement quelque exagération de ma part ? C'est possible, mais je ne le pense pas. Si l'on était encore aux premiers jours de l'année, je pourrais incriminer l'inclination d'un vieil amoureux décrépit cherchant complaisamment à s'émouvoir au fil de la plume et dans la solitude; mais ce n'est pas le cas; les ultimes fanfaronnades du tempérament ne seront bientôt qu'un souvenir. Me reste aujourd'hui, tout au plus, un intérêt d'ordre esthétique et, de ce point de vue, il est indubitable que la veuve retient mon attention, mais seulement quand elle est devant moi. C'est vraiment un beau brin de femme, d'un charme rare; mais la lettre révèle en outre une vie spirituelle de haute qualité.

Je suis sûr que Dona Carmo, avec sa sensibilité, se fait de cette personne la même image que moi avec ma raison; mais ce qui l'a le plus profondément touchée, cette fois, c'est la formule finale de la lettre, les trois derniers mots, juste avant le nom de l'expéditrice: "de votre petite fille, Fidélia." J'ai perçu cette réaction en constatant qu'à trois ou quatre reprises elle a laissé glisser son regard jusqu'au bas de la feuille, sans se résoudre à la plier et à la ranger.

1er juillet

Le bonheur aussi a ses tornades, devant qui tout cède. Après la lettre de Fidélia hier, les Aguiar en ont reçu aujourd'hui une de Tristan; il y annonce son embarquement imminent sur un paquebot anglais qui doit arriver le 23 ou le 24. Immense a été leur joie. On les comprend. Fidélia se proclame fille de la bonne dame, Tristan de son côté vogue vers le Brésil, il écrit qu'après la présente lettre il n'en arrivera plus d'autre mais lui-même, en chair et en os. Et ces deux bonheurs d'un seul coup.

À Flamengo, on aménage déjà les pièces où logera le voyageur. Aguiar est si heureux qu'il en oublie ses habitudes de discrétion: il m'a déjà décrit le mobilier prévu pour la chambre, ce sera simple et élégant. Quant à sa femme, elle va sûrement s'attaquer sans tarder aux travaux d'aiguille qui orneront table et sièges. Cela, je ne le tiens ni d'Aguiar ni de quiconque, je le devine et le couche sur le papier pour me mettre sous les yeux ici ce qu'il est si facile de voir là-bas. Pour l'excellente Dona Carmo, travailler laine et lin, broder et coudre, c'est une façon d'aimer. Elle tire l'aiguille avec son cœur.

C'est une antique maxime, je crois – ou toujours jeune, peut-être – qu'on ne fait bien que ce qu'on fait avec amour. Si elle a un air vieillot, c'est à force d'avoir été vérifiée. Par elle s'explique la perfection des ouvrages de Dona Carmo. La bonne dame travaille avec amour comme on dort ou transpire : elle ne peut faire autrement. Cela n'enlève rien à son mérite : ne pouvoir agir mal n'est pas agir moins bien. Moi aussi, j'ai rempli ma charge de diplomate avec amour, et même fort bien m'ont dit certains ministres ; mais dans mon cas (ce qui fait toute la différence avec la vieille dame), il n'y a pas eu nécessité intérieure, penchant irrésistible ; j'avais choisi cette carrière, c'est tout, mais j'aurais pu aussi bien être juge, ou banquier, ou n'importe quoi.

2 juillet

Hier, c'est à la Banque du Sud, où j'allais déposer des titres, qu'Aguiar m'a fait ses confidences. J'ai oublié de noter qu'en sortant, près de l'église de la Candélaria, je suis tombé sur le Conseiller Campos ; il était arrivé la veille de Santa-Pia et allait à la banque transmettre les amitiés dont sa nièce l'avait chargé pour Aguiar et sa femme. Je lui ai demandé si Fidélia avait l'intention de rester là-bas pour de bon ; il m'a répondu que non.

– Y rester pour de bon, il n'en est pas question ; quelques semaines, oui, après quoi elle reviendra à Rio et probablement se défera de la plantation ; je crois qu'elle n'a pas tort. Elle s'y installerait, m'a-t-elle dit, si elle en voyait l'utilité ; mais les terres lui paraissent produire peu, et elle ne se sent pas de taille à redresser la situation. D'où l'idée de tout vendre et de venir habiter chez moi. Cependant, si elle se fixait là-bas, croyez bien qu'elle saurait se débrouiller. Elle s'est fait présenter tous les comptes, a donné les ordres nécessaires. Elle est active, tenace, méthodique. Quant aux affranchis, ils travaillent convenablement.

Avant de nous séparer, nous avons échangé quelques vues sur l'abolition.

5 juillet

J'avais promis à Miranda, mon courtier, de passer la soirée chez lui ; il m'a donc fallu y aller. De son séjour de quelques mois en Europe, il est revenu plus gras, et toujours aussi véhément ; brave homme, au reste, et mari modèle. Rien de neuf dans ses bagages, sinon un jeu, inventé aux États-Unis à ce qu'il paraît. De mon temps, nul ne le connaissait. Cela s'appelle le poker. Pour moi, c'est le whist que j'avais découvert là-bas ; je le pratique encore, mais reste fidèle à mon vieux jeu de l'*hombre*. On dirait pourtant que tout va céder devant le poker. Chez Miranda, même son épouse y joue.

Ses filles n'y ont pas joué, ni Dona Césaria, sa belle-sœur, qui n'aime pas les cartes. Elle a avoué, en riant, qu'il est bien plus amusant de dire du mal d'autrui, ce qu'elle fait non sans esprit. On ne saurait en dire autant de son mari, mais il a par ailleurs toutes les qualités possibles. J'avais cru un temps mari et femme brouillés avec le courtier ; pas formellement brouillés, car Dona Césaria ne va jamais au-delà de la fâcherie ; mais fâchés, oui, je l'avais cru, à l'époque où Miranda s'est embarqué avec sa famille. Quoi qu'il en soit, le retour les a réconciliés. C'est que la dame, entre autres dons, ne manque pas d'habileté ; elle avait peut-être dit du mal de son beau-frère, ou de sa propre sœur ; mais elle a dû si bien s'y prendre que je les ai trouvés dans les meilleurs termes. Quel mal dira-t-elle de moi ? Elle m'intéresse et j'ai préféré ses médisances au poker ; à médire, au moins, on ne perd pas d'argent.

Comme on parlait de la mort du baron de Santa-Pia et de la situation de sa fille, Dona Césaria a demandé si elle n'allait vraiment pas se remarier. Elle semblait douter de voir Fidélia rester veuve. Je ne lui ai pas dit qu'il m'était arrivé d'avoir les mêmes doutes, je n'ai rien dit du tout ; je n'ai pas voulu orienter la conversation dans ce sens et j'ai été bien inspiré. Dona Césaria n'a pas tardé à accepter l'hypothèse du veuvage perpétuel, pour la bonne raison que la veuve, selon elle, n'a pas le moindre charme : elle n'est ni vive, ni aimable, ni rien qui vaille – autant dire une morte. J'ai eu le sourire qu'il fallait et suis allé prêter l'oreille à un joueur qui m'a expliqué ce qu'est un bluff. Au poker, un bluff, c'est en somme une filouterie.

13 juillet

Sept jours sans une note, un fait, une réflexion ; je peux même dire huit jours puisque aujourd'hui encore je n'ai rien à signaler. Je trace ces lignes uniquement pour ne pas rester longtemps sans écrire. Ce n'est pas une mauvaise habitude que de noter ce qu'on voit et pense, même si c'est pour dire qu'on ne voit ni ne pense rien.

18 juillet

Tristan est arrivé à Pernambouc* ; il est attendu ici le 23.

---

* Ancien nom de Récife.

20 juillet

Le filleul des Aguiar a touché maintenant Bahia. Je pense qu'il y aura une petite fête pour son arrivée. Sa dernière photographie a été accrochée au mur, dûment encadrée. Elle montre un beau jeune homme, et la pose qu'il a prise lui donne un certain air de hardiesse qui ne lui va pas mal, au contraire.

25 juillet

Tristan est arrivé. Je ne l'ai pas encore vu ; il faut dire aussi que je n'ai pas bougé de chez moi ces trois derniers jours. Entre autres occupations, j'ai déchiré de vieilles lettres. Les vieilles lettres sont une belle chose mais, comme je suis vieux moi aussi et n'ai personne à qui les laisser, il vaut mieux les déchirer. Je n'en ai gardé que huit ou dix, afin de les relire un jour avant de leur réserver le même sort. La plus belle d'entre elles n'est pas à la hauteur du moindre billet de Pline, mais de toutes je puis dire ce qu'il écrivait à Apolinarius : "Nous aurons tous deux un égal plaisir, toi à lire ce que je t'écris, et moi à te l'écrire." Mes Apolinarius à moi sont morts ou vieux ; mes Apolinarias aussi.

27 juillet

J'ai vu aujourd'hui Tristan qui descendait la rue de l'Ouvidor. J'ai deviné que c'était lui parce qu'Aguiar l'accompagnait, mais la ressemblance avec la photographie aurait suffi. Quoique habillé comme le veut la mode, il y avait dans sa tenue je ne sais quoi de particulier, une touche personnelle. Aguiar nous a présentés. Tristan m'a parlé courtoisement, et avec une pointe de curiosité, je n'ose dire d'intérêt : il a évidemment entendu parler de moi à la maison. Cinq minutes de bavardage, pas plus, mais cela a suffi pour qu'il se déclare enchanté de ce qu'il a vu ici. Parce que j'aime ma ville malgré ses vieilles rues étroites, je suis porté à croire qu'il était sincère ; mais je n'oublie pas que j'ai souvent débarqué, moi aussi, en terre étrangère et tenu le même langage... Toutefois, cette ville est la sienne et, quand je lui ai dit qu'il n'avait sans doute pas oublié le Rio de Janeiro qu'il avait quitté adolescent, il m'a assuré qu'en effet il n'avait rien oublié. Le charme qu'il trouve à tout tient justement au sentiment du déjà vu, à une résurrection sur fond de permanence, si je puis résumer ainsi ce qu'il m'a dit en termes plus simples. Cinq minutes, donc, et nous avons pris congé.

C'est un bel homme. La voix forte, sans être rude. Le regard vif et gai – mais peut-être la présentation et la brièveté de notre entretien imposait-elle cette unique expression, que quelque autre circonstance pourrait bien modifier. Il est plutôt grand, mince sans excès. Après m'être éloigné, j'allais me retourner pour l'apercevoir encore, mais je me suis ravisé : il y aurait eu là curiosité prématurée, indiscrétion, et peut-être pour rien. Je passerai un de ces soirs à Flamengo ; voilà déjà trois semaines qu'on ne m'y a plus vu.

28 juillet

Je ne doute pas que Tristan ait plaisir à revoir Rio de Janeiro. On a beau avoir contracté de nouvelles habitudes, noué de nouveaux liens familiaux, être resté longuement absent, l'endroit où l'on a passé ses premières années parle nécessairement à la mémoire et au cœur un langage unique. Oui, je crois qu'il vit un véritable enchantement, comme il l'a dit hier. Pour le reste, c'est encore notre langue qu'il entendait parler là-bas ; et si ses parents, tous deux âgés maintenant, se sont fixés à Lisbonne, sa mère est restée la même brésilienne de São Paulo qui l'a engendré ici avant de l'emmener si loin.

Certaines scènes dont j'ai été témoin enfant ne sont jamais sorties de ma mémoire. Je revois aujourd'hui deux personnages barbus qui participaient au carnaval, munis de cuvettes de bois ou de métal (je devais avoir entre trois et cinq ans) et qui étaient rentrés chez eux trempés jusqu'aux os et tout dégoulinants*. Je me rappelle aussi fort bien, après tant d'années, les amours d'une voisine et d'un garçon inconnu. Il arrivait en fin de journée et arpentait la rue trois, quatre, cinq fois ou plus, d'un bout à l'autre. Un soir, on a entendu des cris et, le lendemain, des gens racontaient que le père de la donzelle avait envoyé ses esclaves donner une volée de coups de trique à l'amoureux. Quelques jours plus tard, le pauvre fut recruté pour le service armé, sur intervention du père, paraît-il. Selon d'autres sources, la bastonnade n'avait représenté qu'un règlement de comptes électoral. L'un vaut l'autre : amour ou élections, pour allumer la discorde tout est bon.

Quel intérêt peuvent avoir de tels faits aujourd'hui, en cette année 1888 ? Quel intérêt, cette boutique de barbier que je lorgnais alors, avec à la porte des sangsues dans un bocal de verre contenant je ne sais quel liquide épais ? Voilà beau temps que l'on n'applique plus de sangsues aux malades ; elles sont pourtant là, qui nagent dans mon cerveau, montant, descendant comme dans les bocaux de verre. On en trouvait aussi chez les pharmaciens, je crois, tout comme chez les barbiers, qui n'avaient l'exclusivité que de la saignée. Mais on ne saigne plus personne, désormais. Coutumes, institutions, tout s'en va.

---

* Projeter sur les passants divers liquides (eau, parfum, éther) était une des traditions du carnaval.

31 juillet

Tristan plaît beaucoup, et il faut croire qu'il le mérite puisqu'il ne me déplaît pas. Affable, disert, il sait écouter, est exempt d'affectation comme de fatuité ; il parle avec pondération, modestement, expose ses idées avec clarté. Je ne lui en ai pas encore entendu exprimer de bien profondes mais, en famille et de la part d'un voyageur, on n'attend rien de tel ; et les propos qu'il a tenus devant moi étaient intéressants. Dans sa façon de s'habiller, dans ses manières, on retrouve les qualités de sa conversation : correction et simplicité. Quant à l'intérêt qu'il me disait l'autre jour porter à la ville, il l'étend maintenant à ses habitants ; il ne reconnaît pas seulement des rues et des maisons, il redécouvre des usages, trouve un air familier à certains visages qu'il croise. Il demande de qui il s'agit, écoute attentivement les réponses. Il y a des gens qu'il reconnaît du premier coup, pour d'autres, quelques explications sont nécessaires. En un mot, un brave garçon.

Aux yeux des Aguiar, il a toutes les qualités. Ils sont aussi ravis que lui de leurs retrouvailles, et même plus. En quelques jours, ils l'ont déjà promené aux quatre coins de la ville. Le Conseiller Campos, qui a dîné hier à Flamengo, m'a raconté que Dona Carmo était aux anges, elle ne quittait pas des yeux son filleul. À sa demande, le soir, il a joué un peu de Wagner, fort bien d'après Campos. Un certain père Bessa était aussi du dîner, c'est le prêtre qui a autrefois baptisé Tristan.

Il n'est pas du nombre des habitués de Flamengo ; c'est Tristan qui l'a déniché, d'une façon qui mérite d'être contée. Ayant demandé de ses nouvelles et appris que le révérend habitait Praia Formosa, il avait voulu partir à sa recherche, et sans son parrain qui s'était offert à l'accompagner.

– Je veux y aller seul, avait-il répété, pour vous montrer que je n'ai pas oublié ma ville.

Et il est parti pour Praia Formosa, a parcouru le quartier, y a découvert le prêtre dans une petite, toute petite maisonnette. Le père Bessa, qui a été autrefois un familier des parents de Tristan, ne l'a pas reconnu tout de suite ; mais il a suffi de quelques indications pour que le passé resurgisse devant ses yeux et qu'il devine dans ce visiteur l'enfant qu'il avait baptisé. Aguiar l'a invité à venir à la maison voir le jeune homme aussi souvent qu'il le désirerait. C'est une noble figure de vieillard et de prêtre, m'a dit le Conseiller : presque entièrement chauve, émacié, un air de sérénité sur le visage malgré tous les maux qu'il a endurés ; il trouve même le moyen d'être gai.

1er août

Le Conseiller m'a également donné des nouvelles de sa nièce. Elle va bien et quittera bientôt la plantation. Sa dernière lettre contenait le récit d'un songe dans lequel son père et son beau-père lui sont apparus, au fond d'une baie rappelant celle de Rio de Janeiro. L'un et l'autre avançaient sur les eaux, main dans la main, pour venir s'immobiliser devant elle, sur la plage. La mort les avait réconciliés à jamais ; ils reconnaissaient maintenant que toutes les haines du monde, politiques ou autres, sont dénuées de sens.

J'ai eu envie de répondre au Conseiller que sa nièce avait peut-être mal compris leurs paroles. La réconciliation éternelle entre adversaires aux élections devait représenter l'enfer, un châtiment comme il ne s'en trouve même pas dans la *Divine Comédie*. Quand Dieu veut imiter Dante, il est plus grand que Dante. Je me suis retenu à temps et ai rengainé ma plaisanterie : j'aurais eu l'air de me moquer de la jeune femme, de ce qui fait son chagrin. J'ai sollicité d'autres nouvelles, il m'en a donné ; la principale, c'est que la veuve est de plus en plus décidée à vendre Santa-Pia.

2 août

Aguiar m'a fait lire aujourd'hui une lettre de Fidélia à Dona Carmo. L'écriture en est ample et ferme, le style aisé, le vocabulaire tendre ; elle promet de revenir à Rio le plus tôt possible, c'est-à-dire prochainement. Je suis fatigué, pour ma part, d'entendre dire qu'elle va revenir, mais pas encore fatigué de l'écrire dans ces pages de divagations. Je les appelle ainsi pour me désolidariser un peu de moi-même, qui ai écrit ailleurs que tenir ce Mémorial était une saine habitude. En fin de compte, les deux opinions peuvent se défendre et, tout bien pesé, ne s'opposent pas. Divaguer aussi est une saine habitude.

La lettre de Fidélia commence par ces trois mots : "Ma chère petite mère" ; ils ont laissé Dona Carmo éperdue de tendresse et de regrets, selon la propre expression de son mari. Rien n'est jamais perdu, dans une banque ; telle somme d'argent, parfois, qui semble avoir disparu, a simplement passé en d'autres mains.

3 août

Aujourd'hui, énième anniversaire du ministère Ferraz – et qui se souvient encore de lui, des hommes qui le composaient et s'enfoncent maintenant les uns dans le néant, d'autres dans la vieillesse, l'apathie ? C'est sous ce ministère que j'ai été élevé au rang de secrétaire de légation, sans candidature de ma part, et à mon grand ébahissement.

Comme je racontais cela à Aguiar, il s'est lancé dans des anecdotes touchant la vie politique de l'époque (1859-1861), contées avec vivacité mais aussi avec nostalgie. La politique, cependant, n'est pas le fort d'Aguiar ; il est tout famille, tout époux, et aujourd'hui tout paternité, avec ses deux enfants d'emprunt – Tristan plus cher encore que Fidélia, pour la raison que je crois avoir déjà indiquée. Il m'a confirmé que le jeune homme avait fait bonne impression sur notre ami le magistrat, et a enchaîné :

– Conseiller, vous avez déjà parlé à notre cher Tristan, vous l'avez écouté et je crois que vous l'appréciez, mais je souhaite que vous le connaissiez mieux afin de l'apprécier plus encore. Sachez qu'il parle de vous avec beaucoup de respect et d'admiration. Il dit qu'il vous a vu un jour à Bruxelles sans se douter qu'il vous rencontrerait ici et pourrait s'entretenir avec vous.

– C'est ce qu'il m'a déjà dit. Je le tiens pour un garçon d'une grande distinction.

– N'est-ce pas ? C'est ce que nous pensons aussi, et nous ne sommes pas les seuls. Je ne lui ai pas demandé de me raconter sa vie là-bas mais j'ai donné un tel tour à la conversation qu'il a été amené à m'apprendre beaucoup de choses sur ses études, ses voyages, ses relations. Il est possible qu'il invente ou exagère, mais vraiment je ne le crois pas ; tout ce qu'il nous a dit est vraisemblable et correspond à ce que nous avons observé ici ou appris de ses parents. Si nous pouvions le garder une fois pour toutes, comme nous le garderions ! Mais c'est impossible. Il était venu seulement pour quatre mois ; à notre demande il a accepté de rester deux mois de plus ; je vais encore essayer de le faire aller jusqu'à huit ou dix.

– Il est venu seulement pour vous voir ?

– Il le dit. Mais peut-être son père a-t-il profité de ce voyage pour le charger de régler quelques affaires ; il a beau avoir liquidé ses biens, il conserve encore des intérêts au Brésil ; je n'ai pas interrogé Tristan sur ce point.

– Essayez donc de le faire rester plus longtemps, et peut-être finira-t-il par ne plus repartir.

4 août

En embarquant sur le bateau de Niteroi, qui ai-je rencontré, accoudé au bastingage ? Tristan en personne, Tristan qui regardait devant lui, vers la barre, comme s'il avait envie de la franchir pour gagner le large et cingler vers l'Europe. C'est du moins ce que je lui ai dit, en plaisantant, mais il s'en est défendu :

– Je ne fais qu'admirer les beautés de notre pays.

– De l'autre côté de l'océan, j'en connais qui les surpassent.

– Qui les égalent, a-t-il corrigé. J'ai contemplé toutes celles d'ici, et ce que j'ai vu à l'étranger ne m'empêche pas de les trouver ce qu'il y a de plus magnifique au monde.

Vieux sujet de débat, mais propre à alimenter la conversation ; nous l'avons exploité et, au moment de débarquer, nous avions échangé une foule d'idées et d'impressions. Les miennes, je l'avoue, n'étaient pas plus neuves que le sujet initial, et fort courtes ; les siennes, au moins, étaient émaillées d'évocations et de récits. Je ne vais pas retranscrire tout ce qu'il m'a dit de son enfance et de son adolescence, ni de ses années de jeunesse, passées en Europe. Il a été intéressant, c'est certain et, selon moi, sincère et exact ; mais prolixe également, si bref qu'ait été le trajet. Lorsque enfin nous sommes arrivés à Praia Grande, la Grand'Plage, et que je lui ai dit préférer cette dénomination populaire à celle – officielle, administrative, politique de Niteroi, il n'a pas été de mon avis. J'ai répliqué que notre différend venait de ce que j'étais vieux et lui, jeune. “Quand j'étais jeune, on disait Praia Grande ; quand vous êtes né, Niteroi avait prévalu.» Mon propos ne visait nullement à paraître spirituel ; Tristan l'a pourtant trouvé tel et a répondu avec un sourire :

– Il n'y a pas de vieillesse pour un esprit comme le vôtre.

– Vous trouvez ? ai-je demandé, incrédule.

– Mes parents adoptifs me l'avaient déjà dit, et je constate qu'ils avaient raison.

J'ai remercié d'un signe de tête et lui ai tendu la main.

– Je vais au palais de la Présidence. À tout à l'heure, pour le cas où nous nous retrouverions à nouveau.

Une heure plus tard, quand j'ai rejoint l'embarcadère, il y était. J'ai eu l'impression qu'il m'attendait, mais il ne m'appartenait pas de m'en informer, pas plus qu'à lui, peut-être, de me le dire. Le bateau approchait, il a accosté, nous sommes montés. Pendant le trajet de retour, j'ai appris du nouveau : Tristan, qui a hérité à Lisbonne du surnom de *Brésilien*, comme tant d'autres de chez nous, s'est fait naturaliser portugais.

– Aguiar le sait ?

– Il le sait. Ce qu'il ignore, mais je vais le lui apprendre, c'est qu'à la veille de mon départ j'ai accepté de me lancer dans la politique et que mon parti m'a choisi pour le représenter au Parlement l'année prochaine. Sans ce projet, j'irais chercher mon père et ma mère et reviendrais vivre ici, auprès de mon parrain. Je sais qu'il va essayer de me faire changer d'avis ; il n'aime pas la politique, et surtout pas la politique militante ; mais je n'y peux rien : j'aime m'y consacrer, et je suis tenu par les accords passés avec les chefs de mon parti. J'ai écrit quelque temps dans un journal de Lisbonne, pas trop mal, d'après eux, et il m'est arrivé de prendre la parole dans des réunions.

– Vous savez que les Aguiar vous aiment beaucoup.

– Beaucoup, je le sais, comme un fils.

– Ils ont également une fille de cœur.

– Je le sais aussi, une veuve, fille d'un planteur décédé récemment. Ils m'ont déjà parlé d'elle. J'ai vu son portrait, encadré par les soins de ma marraine. Vous la connaissez bien, cette chère marraine, vous savez que son cœur est celui d'une mère. Sa tendresse s'étend même aux animaux. Ils ne vous ont jamais parlé d'une troisième petite créature qu'ils ont élevée, et qu'elle chérissait ?

– Non, je ne crois pas, je n'en ai pas souvenir.

– Un chien, un petit chien de rien du tout. J'étais encore là, à l'époque. Un jour, un ami de mon parrain leur a apporté l'animal, qui avait quelques mois à peine, et tous deux se sont mis à en raffoler. Je ne vous raconte pas ce que ma marraine faisait pour lui, les petites bouillies au lait, les petits manteaux de laine, et tout à l'avenant ; si j'avais le temps de tout vous raconter, vous ne me croiriez pas. Non que sa tendresse fût extravagante, excessive ; non, elle était tout simplement maternelle, et aussi constante, aussi vraie, aussi attentive que s'il se fût agi d'un être humain. Le chien a vécu les dix ou onze ans de ceux de sa race ; malade, il a eu qui le soigner, et mort, qui le pleurer. Quand vous entrerez dans le jardin, jetez un coup d'œil sur la gauche, au pied du mur, c'est là qu'ils l'ont enterré ; je ne m'en souvenais plus, c'est ma marraine, hier, qui me l'a rappelé.

Je connaissais Aguiar banquier ; je n'ai pas tellement apprécié de devoir l'imaginer en père nourricier d'un roquet. Il est vrai que le récit de Tristan donne le premier rôle à la marraine, qui est femme. Quant au jeune homme, après nos rencontres des jours précédents et l'aller et retour en bateau d'aujourd'hui, je me sens à peu près autorisé à dire que je le connais bien. Je ne l'ai jamais entendu faire son propre éloge, à part quelques mots, d'ailleurs fort modérés ; sa formule : "Je n'écris pas trop mal, d'après eux" recouvre sans doute la conviction qu'il écrit bien ; mais il ne l'a pas dit, et peut-être est-ce le cas.

7 août

Dona Carmo est partie pour Nova Friburgo avec son filleul afin de lui faire revoir la ville où elle est née ; je crois qu'ils ont retrouvé la rue et peut-être la maison elle-même. Là-bas, à ce qu'on me dit, tout est vieillot et paisible. De quoi ravir Dona Carmo qui aime à garder les vieilles choses et à conserver à ces témoins du passé comme un air d'éternelle jeunesse. Sans avoir les mêmes goûts, Tristan a pris plaisir à l'accompagner. Chacun continue de l'apprécier, Campos plus que les autres, qui l'a connu enfant. Ma sœur Rita, elle, l'a à peine rencontré : elle a été malade et n'a quitté la chambre que depuis deux jours ; je l'ai appris seulement hier et suis allé aussitôt lui rendre visite. Je lui ai donné des nouvelles des Aguiar et du Conseiller et l'ai incitée à aller à Flamengo lorsque les deux voyageurs seront rentrés de Nova Friburgo.

10 août

Mon vieil Aires, brouillon de mon cœur, comment as-tu pu commémorer l'anniversaire du ministère Ferraz le 3 août, au lieu du 10 ? Ce serait aujourd'hui son anniversaire, mon pauvre vieux. Tu vois qu'il est bon de noter au fur et à mesure ce qui se passe, faute de quoi tu ne te rappellerais rien, ou brouillerais tout.

Fidélia arrive du Paraïba du Sud le 15 ou le 16. Tout porte à croire que les affranchis vont la regretter ; quand ils ont su qu'elle allait se défaire de la plantation, ils lui ont demandé de n'en rien faire, de ne pas vendre, ou alors de les emmener tous avec elle. Voilà ce que c'est que d'être belle et d'enchaîner les cours. Nulle charte, nulle loi ne libère de telles chaînes ; ce sont là des liens éternels, divins. Il aurait été piquant de la voir arriver à Rio escortée de ses affranchis – et pour en faire quoi ? Elle a eu beaucoup de mal à faire comprendre à ces pauvres bougres qu'il leur faut travailler et qu'ici on ne pourrait leur trouver du travail rapidement. Ce qu'elle leur a promis, en revanche, c'est de ne pas les oublier et, au cas où elle ne retournerait pas là-bas, de les recommander au nouveau propriétaire.

11 août

Reçu aujourd'hui un billet de Tristan, écrit de Nova Friburgo ; il s'y déclare enchanté de ce qu'il voit et entend ; il a visité la ville, qu'il trouve délicieuse, ainsi que ses habitants. Et sa compagne de voyage le charme encore plus. Je recopie ces quelques lignes du billet :

"Ma chère marraine – ou chère mère, je ne sais plus très bien lequel de ces deux noms lui donner, ils lui conviennent l'un et l'autre – est ici très recherchée et fêtée, non seulement par deux amies d'enfance, des dames âgées, mais aussi par d'autres personnes qu'elle a connues après son mariage, parentes des précédentes ou simplement amies. Le pays me plaît, le climat aussi ; la température est très agréable ; nous allons rester trois ou quatre jours de plus."

Cette lettre ne contient rien qui n'eût pu attendre d'être dit au retour. Je crois que Tristan a cédé à l'envie d'être lu de moi, ainsi que de me lire en retour. Affaire de sympathie, d'élan spontané. Je vais lui adresser deux lignes de réponse...

Ma lettre est partie, de trente lignes et plus ; j'ai eu l'intention de la rendre amusante, et elle a en réalité pris un tour presque amical. J'ai convenu que Nova Friburgo était une ville délicieuse et j'ai fini ainsi : "À votre retour, venez déjeuner chez moi, nous parlerons de là-bas et d'ici "

17 août

Fidélia est de retour, Tristan et sa marraine sont de retour : retour général, donc. Jusqu'à moi qui ai fait retour sur moi-même – en d'autres termes, qui ai fait la paix avec mes cheveux blancs. Les regards que j'ai jetés sur la veuve Noronha ont été d'admiration pure, sans la moindre arrière-pensée d'un autre ordre, comme au début de l'année. Il est vrai qu'à cette époque déjà je citais le fameux vers de Shelley ; mais citer des vers est une chose, et c'en est une autre que de croire en ce qu'ils disent. J'ai lu récemment un sonnet de haute piété écrit par un garçon sans religion, obligé de plaire à un oncle pieux et riche. Quoi qu'il en soit, si je n'ai pas d'abord accordé pleinement foi au poète anglais, c'est aujourd'hui chose faite, et je la lui renouvelle en l'appliquant à mon cas. Admirer, rien de plus.

19 août

Tristan est venu déjeuner à la maison. La première partie du repas n'a été que la glose de sa lettre. Il m'a raconté qu'enfant il était déjà allé à Nova Friburgo avec sa marraine – trois fois, croit-il ; il a reconnu la ville et lui a trouvé beaucoup de charme. Quant à Dona Carmo, il en parle avec ferveur, il voit en elle un être exceptionnel parce que tout en elle – sensibilité, tendresse, bonté – est de qualité exceptionnelle. Il a exhumé du passé diverses anecdotes, exemples d'extrême dévouement. Puis il m'a dit à quel point ce qu'il éprouve à revoir notre pays ravive en lui le souvenir de ses jeunes années, que ce soit de son enfance ou de son adolescence. Mais la fin du déjeuner a révélé le Tristan d'aujourd'hui, le garçon qui a choisi le Portugal et une carrière politique. La politique semble être pour lui un besoin impérieux. Il s'est étendu assez longuement sur l'évolution de la situation au Portugal et en Espagne, et m'a fait part de ses idées, de ses ambitions de futur homme d'État. Ces derniers mots sont de mon cru mais ils résument tout ce qu'il m'a exposé. J'en finirai en disant, au risque d'exagérer, qu'il sait capter l'attention de son auditoire et parle avec esprit.

Au moment de partir, il est encore revenu sur Rio de Janeiro ; il a évoqué aussi Recife et Bahia mais c'est sur Rio qu'il ne tarissait pas :

– On n'oublie jamais la terre qui vous a vu naître, a-t-il conclu dans un soupir.

Tristan visait peut-être par là à faire excuser sa naturalisation, à montrer qu'il avait encore le cœur brésilien. Je suis allé au-devant de ses préoccupations en déclarant qu'accepter une nationalité est un acte politique, que cela peut souvent représenter pour un homme un devoir, et qu'on ne perd pas pour autant le sentiment de ses origines ni la mémoire du pays natal. Il a paru ravi : avais-je trouvé les mots qu'il fallait, le ton qu'il fallait pour les dire, sans parler d'un certain sourire dont j'ai le secret ? Les trois, peut-être. En tout cas je l'ai vu plusieurs fois approuver d'un signe de tête, et sa poignée de main, quand il a pris congé, a été des plus énergiques, et fort longue.

Un peu de fiel, dans ce qui précède. Et maintenant, un peu d'équité. L'âge, la compagnie de ses parents, qui vivent là-bas, les années de camaraderie sur les bancs des amphithéâtres, la langue identique, des usages analogues, tout explique aisément qu'il ait pu adopter une nouvelle patrie. Si j'ajoute à cela les promesses d'une carrière politique, la vision du pouvoir, le grand appel de la gloire, une page d'histoire en train de s'écrire et dont on discerne déjà les premières lignes, je trouve naturel que Tristan se soit voulu le fils d'une autre terre. En fin de compte, je lui reconnais des qualités de cœur et je comprends qu'il puisse garder la nostalgie du pays natal sans pour autant rompre les liens nouveaux tissés ailleurs.

21 août

Avant-hier, j'avais déposé ma carte chez Fidélia ; hier, sur invitation de son oncle, je suis allé prendre le thé chez eux.

Il a été naturellement question du défunt. Fidélia nous a dit tout ce qu'elle a vu et ressenti durant les derniers jours de son père, qui n'ont pas été pour elle une faible épreuve. Elle n'a pas parlé de la séparation provoquée par son mariage : l'affaire est trop ancienne, et la cause entendue depuis longtemps. La faute, si faute il y a eu, père et fille en ont été responsables : elle pour avoir élu ce garçon-là, lui pour avoir haï l'élu. Cela, c'est moi qui le dis, pas elle, et pour cause : sa tristesse de fille ne lui fait pas oublier sa douleur de veuve, et si elle avait à nouveau à choisir entre père et mari, c'est le mari qu'elle choisirait. Elle a évoqué également la plantation et ses esclaves mais bientôt, trouvant le sujet trop personnel, elle a détourné la conversation, et nous avons parlé de la capitale, des événements du jour.

Peu après sont arrivés Dona Césaria et son mari, venus eux aussi rendre visite à Fidélia. Dona Césaria l'a embrassée et saluée avec effusion, ce qui a compensé à mes yeux le mal qu'elle en a dit l'autre soir chez Miranda. Malgré tout l'esprit qu'elle y avait mis, je n'avais pas apprécié, alors, de l'entendre déchirer à belles dents la veuve ; maintenant le tort est réparé, la dette payée. Je vais me répéter au sujet de cette dame : elle est beaucoup plus amusante que son mari. Ce n'est pas difficile : le mal qu'il dit des autres, il le dit mal ; elle, en revanche, sait toujours intéresser.

Oui, Dona Césaria a bien payé sa dette. Non que les propos qu'elle a tenus soient par eux-mêmes une garantie d'estime et d'amitié, mais la qualité de ses regards, l'admiration et la considération qu'on pouvait lire sur son visage, le sourire qui ne quittait presque pas ses lèvres, tout cela avait bien valeur d'affection. Valeur-or, peut-être pas, mais le papier-monnaie aussi sert à payer. C'est avec des billets que j'ai acheté l'encre et la plume avec lesquels je trace ces lignes, le cigare que je fume et le déjeuner que je commence à digérer. Pour en revenir aux deux dames, on ne peut pas les comparer. La conversation de Dona Césaria vous comble et presque vous accable. J'ai rencontré dans ma vie de ces femmes capables de donner du piquant à une litanie, de réveiller un mort. On ne voit, on n'entend qu'elles. Fidélia semble la prendre en sympathie ; de mon côté, je l'ai écoutée avec plaisir. En somme, une bonne soirée.

J'allais oublier un point. Fidélia a réuni la photo de son père et celle de son mari dans un même cadre, qui trône au salon. Elle n'avait rien fait de tel du vivant du baron, pour respecter ses sentiments ; maintenant que la mort a réuni les ennemis, elle veut les réconcilier en effigie. C'est elle-même, voyant que je contemplais les deux portraits, qui m'a fourni cette explication. Sa délicatesse d'hier ne m'étonne pas, non plus que sa décision d'aujourd'hui ; l'une et l'autre sont l'expression de la même harmonie intérieure.

Quand j'ai exprimé ce point de vue devant les époux Faria, sur mon trottoir (nous avions pris congé ensemble), le mari a fait la grimace. Je n'ai pas vu la grimace, mais le mot qu'il a prononcé l'impliquait : "Affectation !" J'ai failli répliquer qu'il ne pouvait y avoir d'affectation dans un geste aussi intime, n'intéressant que son auteur, mais je me suis retenu à temps. Dona Césaria n'a ni approuvé ni critiqué son mari ; elle a simplement fait observer que le bec de gaz éclairait fort mal. J'ai noté à part moi qu'il éclairait fort bien et que la dame n'avait probablement pas trouvé de moyen plus rapide de détourner la conversation. Faria a profité de la remarque de son épouse pour dire tout le mal qu'il pense de la compagnie du gaz et du gouvernement, et traiter le fonctionnaire responsable de voleur. Il était onze heures du soir.

21 août, 5 heures de l'après-midi

Je ne veux pas clore la chronique de la journée sans ajouter que j'ai les yeux fatigués, peut-être même malades. Continuerai-je à tenir registre de ce que je fais, ressens et pense ? Peut-être vaudrait-il mieux en rester là. La vieillesse a besoin de repos. J'ai déjà assez de ma correspondance (il faut bien répondre aux lettres qu'on m'envoie), sans parler, tout récemment encore, de ce travail dont m'avaient chargé les Affaires étrangères – heureusement terminé.

24 août

Eh bien non, je n'arrive pas à interrompre ce Mémorial ; me voici à nouveau la plume à la main. En vérité, il y a plaisir à exercer mémoire et réflexion pour coucher sur le papier tout ce qui ne demandait qu'à vous sortir de l'esprit. Allons ! que je note à nouveau l'ordinaire des jours. Pour l'heure, ce qui me fait prendre la plume, c'est l'ombre de l'ombre d'une larme...

Celle qu'avant-hier (le 22) je crois avoir vu perler à la paupière de Fidélia quand j'ai fait allusion à ce qui avait fait s'affronter son père et son mari. Sur le moment, je n'avais pas voulu en garder le souvenir, pas même l'avoir vue, ni même l'avoir devinée. Je n'aime pas les larmes, fût-ce dans des yeux de femmes, belles ou non ; ce sont des aveux de faiblesse, et je n'ai jamais eu de goût pour les faibles. Les femmes, d'ailleurs, sont moins fragiles que les hommes, ou plus endurantes, capables de mieux supporter douleur et adversité... Et voilà où j'en suis : après avoir décidé de ne plus écrire, je consacre une page à l'ombre de l'ombre d'un sujet.

Au reste, s'il y a eu vraiment larme, elle a été si éphémère qu'à l'instant où je l'ai remarquée, elle n'était déjà plus. Tout passe, en ce monde. Si je n'avais pas les yeux malades, je m'amuserais à composer un nouvel *Ecclésiaste,* dans le goût moderne, encore qu'on ne puisse rien écrire de moderne après ce livre. Il trouvait déjà qu'il n'y avait rien de nouveau sous le soleil et, si c'était le cas en ce temps-là, c'est qu'il en a toujours été ainsi et qu'il en sera ainsi toujours. Tout est absurde, et tout est vanité.

27 août

La joie des Aguiar saute aux yeux. Mari et femme ne songent qu'à multiplier et varier les occasions de réunir leurs deux enfants, ainsi que quelques amis, au nombre desquels ils semblent me ranger. On dîne, on organise des promenades et, si l'on ne donne pas de bals, c'est parce que d'eux-mêmes ils n'y pensent pas – mais si Fidélia et Tristan en manifestaient le désir, ils ne manqueraient pas d'en donner. Il est vrai que leurs deux hôtes n'en sont pas là, surtout Fidélia, qui se contente de parler et de sourire ; elle ne va pas au théâtre, n'assiste à aucune fête.

Rien de plus sage que ces promenades, tant par l'heure que par le lieu choisis. Ou bien les deux dames y vont seules ou bien, si les deux hommes les accompagnent, il arrive qu'on forme autrement les couples, Aguiar donnant le bras à Fidélia et Dona Carmo acceptant celui de Tristan. C'est dans cet ordre que je les ai aperçus l'autre après-midi, rue d'Ipiranga, à cinq heures. Il y avait une pointe d'orgueil, m'a-t-il semblé, dans la joie des parents. Les regards de Dona Carmo, le bon sourire qui éclairait son visage, tout en elle était un hymne à ce fils qui pourtant n'est pas le sien, à ce fils qu'elle avait perdu et qui lui a été rendu ; et lui, de son côté, était tout attentions et contentement. Quant au vieil Aguiar, il ne dissimulait pas non plus sa joie. Seule Fidélia n'exprimait rien ; elle souriait, certes, mais faiblement et en gardant la tête inclinée. C'est ainsi qu'ils sont passés, sans se douter de ma présence, tandis que j'avançais sur le trottoir d'en face.

31 août

Comme je suis encore passionné de musique ! Hier soir, chez les Aguiar, nous étions quelques amis... Treize ! C'est seulement maintenant, en comptant de mémoire les présents, que je m'en aperçois : nous étions bien treize. Personne ne l'a remarqué, ni au salon, ni autour de la table quand nous avons pris le thé comme en famille. Nous avions parlé de choses et d'autres jusqu'au moment où Tristan s'est mis au piano et a joué un peu de Mozart. Il l'a fait à la demande de sa marraine, la conversation ayant roulé aussi sur la musique. Or, sur ce sujet, la veuve a donné la réplique au voyageur avec tant d'entrain et de pertinence que celui-ci a fini par lui demander de jouer à son tour. Fidélia a refusé modestement, lui a insisté, Dona Carmo a appuyé la demande de son fils, Aguiar aussi. Fidélia a fini par céder et jouer de mémoire une petite pièce de Schumann, à notre grande satisfaction à tous. Tristan s'est remis au clavier. Chacun des exécutants a paru apprécier le talent de l'autre. Et tous deux m'ont laissé ravi. La musique m'a accompagné et, le soir, m'a tenu longtemps éveillé. J'étais pourtant rentré tôt, à onze heures, mais c'est seulement vers une heure du matin que j'ai pu trouver le sommeil. Sur le chemin du retour, puis à la maison et jusque dans mon lit, tout le temps je n'ai fait que me remémorer des pages et des pages de musique, entendues au cours de ma vie.

La musique a toujours été une de mes passions et, sans la crainte de donner dans le poétique, voire dans le pathétique, je dirais qu'elle est aujourd'hui un de mes regrets. Si je l'avais apprise, je jouerais, aujourd'hui, et peut-être composerais-je, qui sait ? Je n'ai pas voulu m'y consacrer, à cause des devoirs de ma charge, et j'ai eu tort. Pendant toute ma carrière diplomatique, je n'ai guère eu à remplir de fonctions que décoratives ; je n'ai pas négocié de traités de commerce, pas réglé de problèmes de frontières, pas conclu d'alliances militaires ; j'aurais pu apprendre à pratiquer un peu, au moins de la musique de salon, ou en petit comité. Aujourd'hui, j'en suis réduit à écouter ce que jouent les autres.

Il y a deux ou trois mois, Fidélia m'avait dit qu'ayant cessé depuis longtemps de travailler son piano, elle ne jouerait plus jamais. Je lui avais alors rétorqué qu'un jour, chez elle, seule avec elle-même, elle jouerait, simplement pour retrouver telle ou telle impression ancienne, et que cela la conduirait à travailler de nouveau. Hier, s'il a suffi des instances des Aguiar pour lui faire retrouver le chemin du clavier, c'est sans doute qu'elle était déjà portée à le faire. L'exemple de Tristan l'a aidée à sortir de son silence. Tous les deux, je le répète, m'ont comblé.

Qui sait si en ce moment même (dix heures et demie du matin) elle n'est pas chez elle devant son piano ouvert, en train d'ébahir famille et voisins en attaquant un de ses morceaux favoris, pour le première fois depuis si longtemps.

– Pas possible !

– Notre petite Fidélia !

– La veuve Noronha !

– Non, ce doit être une amie à elle.

Et ses mains, pendant ce temps, de continuer à deviser, à penser, en faisant vivre ces notes qui restent gravées dans la mémoire des hommes. Elle doit probablement jouer comme hier, sans partition, de mémoire, ses doigts effleurant les touches...

Six heures du soir

Avant de passer à table, je note que mes conjectures d'hier se sont vérifiées ; le piano de Fidélia a bel et bien alerté famille et voisinage. Je le tiens de Campos lui-même. Seule différence : cela ne s'est pas fait à dix heures et demie mais à sept. Campos n'était pas encore levé quand il a entendu les premiers accords d'un morceau connu, italien, croit-il. Fidélia ? Il n'arrivait pas à y croire. Appelé, un domestique a confirmé, c'était bien elle. Elle a joué encore un moment. Quand son oncle est entré au salon, elle s'était arrêtée mais restait assise au piano devant un cahier de musique ouvert, à déchiffrer en silence.

– Que se passe-t-il ?

– Vous m'avez entendue jouer ? lui a-t-elle dit en se retournant.

– Oui.

– Je crois que j'ai un peu perdu ; je sens comme une sorte de faiblesse dans les doigts, et j'ai déjà eu la même impression hier ; mais le morceau, lui, je ne l'ai pas oublié.

– Mais c'est une résurrection, dis-moi ! Que se passe-t-il ?

– Cela concerne une défunte, a-t-elle répondu en essayant de sourire.

Quoique la musique ne soit pas son fort, le Conseiller paraît content de cette résurrection, comme il l'appelle. Ce n'est jamais qu'un peu plus ou un peu moins de bruit dans la maison, m'a-t-il dit. Et il m'a confié que la tristesse de sa nièce lui faisait souvent de la peine ; à défaut de pouvoir l'emmener au bal ou au théâtre, il ne demandait pas mieux que de l'entendre pianoter au salon, et pourquoi pas chanter, si l'envie l'en prenait. Car Fidélia connaît aussi le chant, elle a beaucoup de talent et une belle voix. Mais pour l'instant, refus catégorique.

Ce n'est pas que sa seule présence, sans musique, ne soit pas la vie de la maison, a-t-il ajouté, mais jouer était une de ses distractions préférées, autrefois, et elle ne s'en est abstenue qu'avec son veuvage.

J'ai eu envie de faire observer au Conseiller que la pratique de la musique était parfaitement compatible avec l'état de veuve, étant donné que l'art est aussi une façon de s'exprimer, mais cela n'a été qu'une pensée fugitive. D'ailleurs, c'était peut-être trop poétique pour un magistrat et risquerait, qui sait, d'être également indiscret. Je me suis contenté d'accepter l'invitation qu'il m'a faite d'aller entendre la pianiste chez lui aujourd'hui, demain, plus tard, chaque fois que je le désirerais.

– Un de ces soirs, ai-je convenu.

Pour l'instant, je vais dîner. Je ne pense pas ressortir d'aujourd'hui. Mais à quoi m'occuper, avec mes pauvres yeux ? Lire, c'est aggraver le mal. Ah ! si je savais la musique ! Je prendrais mon violon, fermerais soigneusement les portes pour n'être pas entendu des voisins et me laisserais emporter au gré de mon archet. Une promenade, alors ? Peut-être...

2 septembre

Anniversaire de la bataille de Sedan. Je vais peut-être passer chez le Conseiller, demander à Fidélia qu'en commémoration de la victoire prussienne elle nous donne un peu de Wagner.

3 septembre

Ni Wagner, ni qui que ce soit d'autre. Tristan, certes, était là et a joué quelques airs de *Tannhaüser,* mais la veuve Noronha s'est dérobée. Pour le cas où elle aurait été triste de la défaite française, j'ai suggéré un compositeur français, n'importe lequel, ancien ou moderne, étant donné que l'art, ai-je ajouté non sans quelque emphase, réunit tous ceux qui le servent dans la sphère supérieure d'une même patrie. Elle a souri mais n'a pas joué ; un peu de migraine, n'est-ce pas. Aguiar et Dona Carmo, qui étaient présents eux aussi, n'ont pas appuyé ma demande, comme s'ils avaient "mal à la tête de leur amie". Seconde recherche de style, empruntée cette fois à la fameuse Sévigné. Surveillez votre langue, monsieur le diplomate !

Ni migraine, assurément, ni quelque malaise que ce soit, derrière le refus de Fidélia. Je me plais à penser qu'elle me ressemble et jouerait volontiers pour son plaisir si elle était seule. À la soirée précédente, chez les Aguiar, si elle s'est laissée entraîner à se produire devant les douze personnes présentes, c'est qu'elle a été surprise par le réveil soudain de son ancienne passion pour la musique ; maintenant, elle hoche la tête, elle se refuse à divertir l'assistance. Elle jouera pour son oncle, le matin, et pour elle-même quand il ira au tribunal. Tout au plus cédera-t-elle aux sollicitations de ses parents adoptifs, une fois ou l'autre. Une bonne preuve qu'elle n'avait pas de migraine : elle a écouté Tristan avec un plaisir manifeste, et l'a applaudi en souriant. Je ne conteste pas que la musique puisse faire oublier un mal physique mais je soupçonne que tel n'a pas été le cas.

Les deux jeunes gens ont longuement parlé de Wagner et d'autres compositeurs, avec un vif intérêt et probablement avec pertinence. J'ai dit aussi mon mot, puis j'ai prêté l'oreille à ce qu'Aguiar me disait de Tristan.

– S'il est revenu, c'est bien aussi pour régler quelques affaires de son père ; je l'ai appris de sa bouche aujourd'hui. Dieu veuille que cela prenne du temps.

– Dieu aime peut-être la chicane, lui aussi, qui sait ?

– Il ne s'agit pas d'affaires à porter devant les tribunaux ; mais si pour l'une d'entre elles il fallait en arriver là, il se ferait représenter. Savez-vous qu'il va entrer à la Chambre ?

– Oui ; il m'a dit que quelques chefs politiques de Lisbonne veulent le porter à la députation, et qu'il a accepté.

– Mon épouse espérait le garder un an ou plus, elle en reste profondément affligée, et moi avec elle. Nous échangeons nos chagrins, ou plutôt nous les additionnons, si bien que chacun en a double part…

Ce mot d'Aguiar m'a touché et je me le suis soigneusement répété pour ne pas l'oublier et pouvoir le noter ici. Ce gérant de banque a encore de la poésie dans l'âme. C'est un brave homme ; je crois l'avoir écrit déjà, mais qu'à cela ne tienne, il n'est pas mauvais de le répéter.

Nous bavardions ainsi dans un coin du salon, lorsque Campos et Tristan sont venus nous rejoindre, laissant les deux dames en tête à tête. Et moi de les contempler de loin, longuement, en m'enchantant de leur charme. L'harmonie des cheveux blancs de l'une et des cheveux noirs de l'autre, le murmure de leurs voix, leurs sourires, leurs regards pleins d'une douce amitié, tout me faisait me demander pourquoi elles n'étaient pas réellement mère et fille, celle-ci mariée à quelque garçon digne d'elle, celle-là mariée ou veuve, peu importe : elle serait consolée de la perte d'un mari parce que sa fille serait là, avec elle pour toujours. Dans l'esprit d'une mère qui touche à la vieillesse, une fille jeune est naturellement là pour toujours. Une fois de plus, cependant, j'ai remarqué qu'elles avaient plutôt l'air de deux sœurs, tant Dona Carmo sait se faire jeune avec les femmes jeunes. Quant à ce qu'elles se disaient, je l'ignorais, mais je ne cherche même pas à l'imaginer : cela n'ajouterait rien au tableau charmant qu'elles formaient. À un moment, comme Fidélia tâtonnait pour arranger sa broche, Dona Carmo a écarté doucement les doigts de son amie et fixé le bijou de sa main.

4 septembre

En relisant la journée d'hier, une idée m'est venue, que je note pour m'en souvenir ultérieurement. Qui sait si la tendresse de Dona Carmo, si pleine d'attentions jusque dans les plus petites choses, ne finira pas par nuire à la belle Fidélia ? Le veuvage a beau faire : sa route toute tracée, c'est le mariage ; elle est jeune encore, et il peut se présenter un prétendant sérieux. Je ne parle pas de moi, grand Dieu, qui n'ai eu que des velléités sexagénaires ; je pense à un homme qui véritablement puisse et doive l'aimer comme elle mérite de l'être. Libre de disposer d'elle-même, elle pourrait accepter ce prétendant, et tous deux prendraient le chemin de l'autel ; en revanche, toute dévouée à Dona Carmo, liée par leur amitié, elle risque de n'avoir pas d'yeux pour lui et de passer à côté de son destin. Alors, au lieu de fonder une famille, elle finira sa vie non seulement veuve mais solitaire, parce que la vieille amie mourra et que l'amie jeune n'ira la rejoindre que longtemps après…

Vraiment, cette observation me paraît juste, quelque objection qu'on puisse lui faire. Je ne prétends pas que les choses doivent se passer exactement ainsi et que les trois personnes intéressées – les quatre en comptant le vieil Aguiar, ou les cinq, les six, en incluant l'oncle et le cousin –

ne puissent former avec l'étranger que serait le fiancé une seule famille, de cœur et de sang; il n'empêche, je persiste à trouver juste mon observation. L'affection, l'habitude, un attachement chaque jour plus fort et, pour finir, le temps, complice de toutes ces atteintes à une liberté, écarteront de la belle veuve tout amoureux que la nature et la société pourront placer sur sa route. Elle aura trente ans, puis trente-cinq, quarante. Quand Dona Carmo mourra, elle ne se contentera pas de la pleurer, elle fera retour sur elle-même et ses regrets iront croissant avec le temps. Le prétendant aura disparu ou aura cherché ailleurs son bonheur.

Je viens de relire, à leur tour, mes notes d'aujourd'hui et je crains de leur avoir donné (surtout sur la fin) une note quelque peu poétique ou romanesque; tel n'était pourtant pas mon dessein; je n'ai rien voulu écrire que de prosaïque, à l'image de ce que la réalité peut réserver. J'ai d'ailleurs omis un dernier élément qui plaide en faveur d'un veuvage définitif de Fidélia: le souvenir même de son mari.

D'ici quatre ou cinq ans, elle fera transférer dans sa tombe les restes de son père, réunissant ainsi dans la terre les deux êtres que l'éternité a déjà réunis. Ici comme ailleurs, toute politique se réduit à faire vivre les hommes ensemble, tels qu'ils étaient, tels qu'ils seront à jamais.

8 septembre

Les deux enfants adoptifs des Aguiar ne sont pas jaloux l'un de l'autre; ils ne se sentent pas frustrés d'avoir à se partager l'affection du vieux couple. Au contraire, chacun d'eux semble trouver que la part qu'il reçoit s'accroît de ce que reçoit l'autre. Voilà une bonne façon de partager, amicale; il arrive que des enfants selon le sang ne s'entendent pas aussi bien.

Ma sœur Rita, à qui j'ai fait part de mon impression, pense que telle est bien la situation. Elle ajoute cependant une observation plus fine que la mienne, et j'hésite d'autant moins à la retranscrire ici que j'ai répliqué par une autre, non moins fine. Que l'éloge vaille donc pour nous deux. On trouve toujours quelqu'un qui par comparaison vous dévalorise, mais le remède est à côté du mal : à féliciter son vainqueur, on s'élève d'autant. Voici la remarque de ma sœur :

– Une telle générosité coûtera peu à Tristan, puisqu'il n'est que de passage.

À quoi j'ai répliqué :

– Elle ne coûtera pas beaucoup non plus à Fidélia, puisqu'elle sait qu'il va partir bientôt.

Nos deux remarques à peine transcrites, il me vient des doutes sur leur finesse. Si court que doive être son séjour, le garçon pourrait préférer être seul chéri, et la jeune femme pourrait réagir de même. Je pense une fois de plus que c'est la qualité de l'affection prodiguée par les parents qui rend les enfants aussi généreux, aussi peu égoïstes. Et je me répète : entre véritables frères et sœurs, on ne voit pas toujours régner la même concorde.

Rita m'a donné d'autres nouvelles de la maison Aguiar, où je n'ai pas mis les pieds, je crois, depuis une semaine. Chacune d'elles prouve que jeunes et vieux sont ravis les uns des autres. Tous quatre bavardent à longueur de journée, et hier la veuve Noronha s'est mise au piano – brièvement, il est vrai, mais elle s'y est mise. Et une fois déjà on a joué aux cartes. Rita a ajouté :

– Figure-toi que Fidélia, qui n'a pas touché une aiguille depuis sa sortie du pensionnat, imite maintenant son amie : une première fois, hier, elles ont travaillé ensemble. Quand je suis arrivée là-bas, sur les deux heures de l'après-midi, et que je les ai trouvées l'une en face de l'autre, penchées sur leur ouvrage, tu n'imagines pas avec quelle joie elles m'ont accueillie. J'ai même perçu chez Dona Carmo comme une pointe d'orgueil, ou quelque chose d'approchant. Elles confectionnaient de petits chaussons d'enfant. L'ouvrage de Fidélia n'était pas aussi parfait que celui de son amie, ni aussi avancé, Dona Carmo pourtant aurait pu aller plus vite et c'est sans doute pour ne pas trop distancer Fidélia qu'elle ralentissait l'allure. Je voulais plaisanter en demandant à qui elles destinaient les chaussons mais je n'en ai pas eu le temps : Fidélia m'a appris que c'était pour le fils d'une servante de Dona Carmo, partie accoucher chez son mari. Dona Carmo prenait son crochet quand Fidélia était arrivée et avait voulu l'aider.

Pour économiser mon papier et mon temps, je passe sur tout ce que ma sœur m'a encore dit, mais c'était intéressant. Je n'en retiens que ceci : elle a dîné là-bas, ainsi que Fidélia. Le vieil Aguiar était allé se promener avec Tristan mais ils sont rentrés tôt, à quatre heures. Ils n'avaient pas assisté à la parade du 7 septembre* mais seulement vu défiler un bataillon, ce qui n'avait pas impressionné le garçon. À l'entendre, tous les bataillons se ressemblent. L'hymne national, en revanche, avait éveillé en lui quelque nostalgie de ses années d'enfant, d'adolescent. De ses remarques sur l'hymne on est passé à la musique en général, ce qui a amené Fidélia à se mettre au piano. Elle n'a pas joué plus de cinq minutes, et seulement à la demande de Tristan qui lui avait suggéré un auteur particulier ; Rita ne se rappelle pas lequel mais elle a apprécié le morceau. La conversation a roulé aussi sur l'Europe, et les deux jeunes gens ont exprimé à ce sujet des points de vue voisins.

---

* Pour la Fête nationale : le Brésil y commémore la proclamation de son indépendance (7 septembre 1822).

J'ai appris tout cela à Andaraï, où je suis allé ce soir dîner avec Rita. Je lui ai proposé de m'accompagner à Flamengo mais elle a refusé : il lui manquait des heures de sommeil, elle voulait dormir. Je l'ai donc quittée et suis passé seul chez les Aguiar. La fête du jour* a amené les quatre, plus le Conseiller, à parler religion, cérémonies religieuses. Les deux jeunes gens, une fois de plus, ont évoqué l'Europe : elle a produit sur eux les mêmes impressions, leur a laissé le même genre de souvenirs. Quand ils m'ont demandé si je pensais comme eux, j'ai répondu d'un signe de tête, façon commode d'acquiescer quand un sujet lasse ou déplaît, ce qui, en l'occurrence, était le cas pour moi.

L'oncle et la nièce sont partis ; je suis resté encore un quart d'heure avec les Aguiar. Le reste à demain : à mon tour d'avoir sommeil.

9 septembre

Le reste est la nouvelle du retour d'Osorio, l'avocat de la Banque du Sud parti récemment pour Récife auprès de son père malade, et aujourd'hui décédé.

– Il est triste depuis son retour, m'a dit Aguiar, et porter le deuil le fait paraître plus triste encore.

– Pas d'autre raison à sa tristesse que la mort de son père ?

– Et quelle autre pourrait-il y avoir ?

– Ne m'aviez-vous pas dit (ou l'avais-je deviné ?) qu'il était plus ou moins amoureux de Dona Fidélia ?

– Il l'était, oui, et plutôt plus que moins, mais désormais tout semble s'apaiser.

– En tout cas, il ne s'est pas déclaré ?

---

* Fête catholique de la Nativité de la Vierge.

– Par son attitude, si, peut-être ; et elle a dû faire entendre de même que c'était non. Dommage, ils sont dignes l'un de l'autre.

Aguiar a fait l'éloge du jeune homme, soulignant sa valeur professionnelle, sa bonne éducation, ses qualités morales. Je suis tombé d'accord sur tout, comme il convenait, sans avoir d'ailleurs aucune raison de douter de rien. Dona Carmo a confirmé les dires d'Aguiar mais n'a pas manifesté de regret qu'il n'y ait pas mariage. Plus discrète en cela que son mari, elle n'a rien dit sur ce point. Il est vrai que lorsque Aguiar s'est exprimé, c'est peut-être le fondé de pouvoir de la banque qui parlait. Pendant ce temps, Tristan feuilletait un recueil de gravures.

Je parle de gravures parce que j'ai pu le vérifier lorsque je me suis approché pour lui dire au revoir et qu'il s'est levé aussitôt, avec une parfaite courtoisie. Mais de loin j'avais pensé qu'il s'agissait d'un album de photographies. Non, l'album était à côté de lui, ouvert précisément à la page où l'on voit Dona Carmo et son mari. Tristan a laissé également ouvert le recueil de gravures et m'a raccompagné jusqu'à la porte, suivi d'Aguiar ; j'ai pris congé d'eux sur le seuil.

9 septembre, après-midi

On dirait que les Aguiar m'ont communiqué l'amour des enfants ou, pour employer une expression bizarre, la nostalgie des enfants. Passant tout à l'heure rue de la Gloria, je suis tombé sur sept petits – garçons et filles – de tailles diverses, qui avançaient de front en se tenant par la main. Leur jeune âge, leur gaieté, leur vivacité m'ont charmé et je me suis arrêté sur le trottoir à les observer. Ils étaient tous si plaisants à voir et paraissaient si bien s'entendre que j'en ai souri de plaisir. Là s'arrêterait mon récit (si je faisais un vrai récit), n'était l'exclamation d'une petite fille qui a lancé aux autres, en me voyant :

– Regardez ce jeune homme qui nous sourit.

Le mot m'a montré que les enfants ne voient pas comme nous. Parler de moi, avec ma moustache blanche et mes cheveux gris, et dire "ce jeune homme" ! C'est probablement ma silhouette qui était en cause, et pas mon acte de naissance.

Je me suis fait cette réflexion en reprenant mon chemin, tandis que les enfants s'éloignaient. Ils sautaient, s'arrêtaient, tiraient à gauche, tiraient à droite, rompant parfois leur chaîne pour la reformer aussitôt. Je ne sais pas où leur groupe s'est dispersé ; ce que je sais, c'est qu'au bout de quelques minutes je n'ai plus vu ces enfants-là mais d'autres, qui allaient seuls ou par deux. Certains portaient des colis, des paniers, qui sur la tête, qui sur le dos : ils faisaient déjà l'apprentissage du travail, à l'âge où les autres en étaient encore au rire. La silhouette de "jeune homme" que ceux-ci m'avaient attribuée, la devais-je à mon enfance, qui n'a pas eu de fardeau à porter ? Non. La vérité, c'est qu'on voit selon son âge : à des yeux d'enfant, tout naturellement le monde paraît neuf. Même pour le second groupe, si j'avais souri, j'aurais été "ce jeune homme" ; mais je marchais pensif, grave, souffrant peut-être de deviner leur fatigue ; et eux, sans se demander si mes cheveux étaient blancs ou noirs, ont passé leur chemin, sans un mot. Moi aussi.

En arrivant à ma porte, je suis tombé sur José, mon domestique, qui était là à m'attendre, à ce qu'il m'a dit.

– Tiens, pourquoi ?

– Pour rien ; je suis descendu ici attendre Monsieur.

C'était un mensonge ; il avait eu envie de se dégourdir les jambes dans la rue, ou de voir passer les servantes des maisons voisines, qui elles aussi ont besoin de se distraire ; mais comme il est un garçon habile, malin, poli, sérieux, qui a le sens du devoir – tous les talents et toutes les vertus –, il a préféré inventer un noble mensonge plutôt que d'avouer la vérité. Je lui ai donc noblement pardonné et suis monté faire un somme avant le dîner.

Je n'ai pas dormi longtemps, peut-être vingt minutes, juste assez pour rêver que tous les enfants du monde, avec ou sans fardeau, formaient un grand cercle autour de moi et se lançaient dans une ronde si joyeuse que j'en éclatais de rire, ou presque. Tous parlaient de "ce jeune homme qui souriait si bien". À mon réveil, j'avais faim. J'ai fait un peu de toilette, me suis changé et suis d'abord venu écrire ces lignes. À présent, je vais dîner. Après quoi je passerai sans doute à Flamengo.

9 septembre au soir

Je suis passé à Flamengo. Pas de veuve, mais Osorio était là ; je ne l'ai pas trouvé triste, contrairement à ce que m'avait dit Aguiar ; pas gai non plus, d'ailleurs, et parlant peu. Tristan, qu'on lui avait présenté le jour même, parlait plus que lui, sans parler beaucoup. Soirée sans intérêt. Je suis rentré tôt et vais me coucher.

12 septembre

À deux heures, aujourd'hui, comme j'arrivais en ville et descendais du tramway, la belle Fidélia s'en est approchée, dans son gracieux et austère demi-deuil de veuve. Elle venait de faire des courses, évidemment. Nous nous sommes salués, je l'ai aidée à monter. Elle m'a demandé des nouvelles de ma sœur, moi de son oncle, chacun de nous de l'autre, et nous avons encore eu le temps d'échanger quelques mots. Elle :

– Encore là, à l'heure qu'il est ?

– Ma paresse de retraité ne m'a pas permis de sortir plus tôt, lui ai-je répondu en riant, et je me suis écarté.

Le tramway est parti. Et qui se trouvait au coin de la rue ? Osorio en personne – un Osorio sans yeux, parce que la belle les lui avait ravis et les emportait avec elle dans le tramway qui s'éloignait ; c'est ce que j'ai conclu de la cécité qui l'a empêché de me voir passer devant lui... Sans yeux : ah ! mes coquetteries de style !

Je me suis posé la question : se seraient-ils trouvés un moment ensemble, dans la rue, dans le magasin où elle était entrée, ou à la banque, et pourquoi pas en enfer, lequel reçoit aussi des amoureux – des amoureux esclaves de leur passion, bien sûr, atteints *del mal perverso* ? Et puis non, j'ai compris que s'il l'avait par hasard saluée dans la rue, il n'avait pas osé lui parler et l'avait seulement suivie à distance, jusqu'au moment où il l'avait vue monter dans le tram et disparaître.

J'ai compris autre chose encore : que la passion ancienne et repoussée n'était pas morte en lui, ou s'était rallumée quand il avait revu la personne aimée. Et qu'elle fût maintenant une femme riche n'y était pour rien : elle avait déjà de quoi vivre quand il l'avait rencontrée, et un grand héritage l'attendait. Non, Osorio est un homme honnête et Aguiar lui-même tient que ces deux êtres sont dignes l'un de l'autre.

J'avançais en direction de l'École polytechnique en ruminant ces conjectures lorsque je l'ai vu passer devant moi, tête basse ; triste ou joyeux, je l'ignore, n'ayant pu voir son visage. Mais il me semble que la tristesse marche tête basse, tandis que la joie jette des regards ravis à droite, à gauche, et parfois jusqu'au ciel. Voilà du moins ce que je suppose, vrai ou non. La vérité vraie, en tout cas, c'est qu'à deux heures de l'après-midi cet avocat poursuivait les belles au lieu de plaider ; ou mauvais avocat, ou amoureux comblé.

14 septembre

Ni l'un ni l'autre. Je fais écho ainsi à ce que j'écrivais avant-hier au sujet d'Osorio ; il n'est ni un amoureux comblé, si j'en crois ce qu'Aguiar m'a dit aujourd'hui, ni un mauvais avocat, d'après ce que j'ai lu dans la presse. J'ai lu qu'il a gagné un procès pour le compte de la Banque du Sud, et Aguiar n'a pas tari d'éloges sur le zèle avec lequel il a conduit l'affaire, avant et après son voyage à Récife. Voilà donc un homme qui sait marier zèle et tristesse, et l'on peut bien y voir un symbole si lui représente le zèle et Fidélia la tristesse. Peut-être finiront-ils par se marier. Même après avoir essuyé un premier refus ? Rien d'impossible sous le soleil, et pourquoi pas au-dessus : tout est dans la main de Dieu.

18 septembre

Je rentre de chez les Aguiar et je ne veux pas aller me coucher sans noter auparavant ce qui s'est passé là-bas. Je suis arrivé tôt, les deux vieux étaient seuls et m'ont reçu en toute simplicité.

– Bienvenue au troisième vieux, s'est écrié Aguiar, venez tenir compagnie aux deux autres, que l'on a abandonnés.

Le mot pouvait faire penser à une plainte, mais il a été dit en riant et – je l'ai senti – sur le ton de l'enjouement. Nous nous trouvions presque à la porte du salon, où il était venu m'accueillir, tandis que sa femme restait dans un des fauteuils à bascule, placés tête-bêche en guise de causeuse, où ils ont l'habitude de passer leurs heures de solitude. J'ai répondu que j'apportais ma vieillesse pour l'additionner aux deux leurs et faire d'elles trois une seule et verte jeunesse, comme on n'en voit plus sur cette terre. Sur ce thème usé et facile ils ont à leur tour un peu plaisanté, et ainsi ont passé les premières minutes

– Peut-être ne nous auriez-vous pas trouvés, a enchaîné Dona Carmo, si je n'avais pas souffert du genou.

– Souffert ?

– Oui, ce genou-ci me fait un peu mal, et marcher dans nos rues ne va pas sans risques. Tristan est allé seul chez le Conseiller, qui réunit ce soir quelques amis du barreau. Aguiar aussi voulait y aller, mais Tristan l'a convaincu de rester : il se chargerait bien de présenter là-bas les excuses nécessaires ; et il est parti seul.

– Il a voulu que je reste tenir compagnie à sa marraine, a expliqué Aguiar. Si j'avais absolument tenu à sortir, il était capable de renoncer à sa soirée pour ne pas la laisser seule.

Du regard, Dona Carmo a fait entendre que c'était bien possible. Du regard seulement. Après quoi elle a émis l'idée que Tristan s'était peut-être rendu à la soirée pour rencontrer des jeunes filles : les couples amis allaient probablement y conduire leurs filles.

– Mais alors il s'agit d'une vraie fête ?

– Pas du tout, Conseiller, m'a répondu Aguiar ; une demi-douzaine d'amis ont simplement combiné entre eux de se réunir chez leur éminent collègue, et l'ont informé de leur intention. C'est ce que Fidélia nous a appris ici même, pas plus tard qu'hier.

Dona Carmo a repris alors le fil de son propos :

– Oui, certains viendront avec leurs filles et il est normal qu'un jeune homme désire rencontrer des jeunes femmes. Tristan trouve que ses compatriotes ont beaucoup de charme, il nous l'a dit plus d'une fois. Et s'il n'en vient aucune, il est à parier qu'il abrégera sa visite et sera à la maison de bonne heure. Lui et nous sommes chaque jour plus proches.

Je connaissais cette autre antienne et j'ai acquiescé de la tête. Aguiar a parlé dans le même sens que sa femme. À ceci près qu'il n'a pas, comme elle, mis dans ses paroles une note de mélancolie, inattendue et que j'ai tenté d'atténuer de mon mieux.

– Les jours passent vite, a-t-elle dit, et les derniers passeront plus vite encore ; avant longtemps, notre cher Tristan va retourner à Lisbonne pour n'en plus revenir, ou revenir seulement sur nos tombes.

– Holà ! Dona Carmo, foin de ces idées tristes !

Son mari est intervenu.

– Carmo a raison ; le temps va bientôt faire sonner l'heure de son départ, et ne sera pas à nos ordres pour nous laisser éternellement en vie.

– Telle est notre destinée à tous. La mort est comme le Conseiller Campos : elle a beaucoup d'amis qui vont au bal chez elle, et ceux qui ont des filles ne peuvent que les lui amener. La mort est inévitable, le mieux est de ne pas penser à elle.

– Ce n'est pas à elle que je pense, a corrigé Dona Carmo, mais à lui : je parle de notre cher Tristan, qui nous quittera bientôt.

J'ai souri et répliqué :

– *Lui* vous quittera, sans doute, mais *elle* vous restera.

J'ai bien souligné de la voix les pronoms, et cela n'aurait pas été nécessaire ; Dona Carmo m'avait compris tout de suite, et fort bien. Le sourire qui a éclairé son visage m'a montré qu'elle avait saisi l'allusion à Fidélia. Fidélia, sa grande consolation. Seul, cependant, a besoin d'être consolé celui qui souffre, et pour Dona Carmo la douleur de perdre un de ses enfants n'était pas moins vive que la joie de garder l'autre. J'ai vu aussitôt la joie et la douleur se peindre sur le visage de la bonne dame, fondues dans une expression unique, une sorte de demi-deuil de l'âme. Aguiar devait connaître les mêmes émotions mais la profession de banquier oblige à dissimuler, et l'on en prend le pli. Peut-être aussi, quand ils étaient seuls, ne s'entretenaient-ils pas du proche départ de Tristan ; félicité rime avec éternité, et ils étaient heureux.

Oui, ils étaient heureux ; le mari a repris le premier l'énumération des qualités qu'ils avaient récemment découvertes chez le jeune homme. Sa femme l'a suivi sur ce terrain et j'ai dû les écouter l'un et l'autre avec cette complaisance qui est une de mes qualités, à moi, et pas récente. Elle est mienne depuis l'école, si ce n'est depuis le berceau. Ma mère m'a souvent raconté que je pleurais rarement pour le sein ; je prenais seulement un air renfrogné et implorant. À l'école, je ne me suis jamais querellé avec personne ; j'écoutais le maître, j'écoutais mes camarades, et si d'aventure ceux-ci s'affrontaient dans une discussion, je faisais de mon esprit un compas dont j'ouvrais assez les branches pour que chaque pointe touchât aux positions adverses. Cela se terminait pour eux à coups de poing, pour moi avec la sympathie des deux partis.

Mais je ne veux pas faire mon éloge. Où en étais-je ? À ce que les deux vieux disaient des qualités de Tristan. Ils disaient vrai à leur sujet ; tout au plus pouvaient-ils surestimer telle ou telle, mais toutes celles qu'ils énuméraient, le garçon doit réellement les posséder. À leurs yeux, il est bon, attentionné, juste, ses sentiments sont purs, son caractère paisible, ses manières parfaites, et il est capable, s'il le faut, de sacrifices. À son arrivée, ils ne lui avaient trouvé ni défauts ni insuffisances ; maintenant, ses qualités d'autrefois se trouvaient confirmées et ils lui en découvraient de nouvelles. Eussè-je été d'un avis différent que je me serais tu, pour ne pas leur faire de peine ; mais que savais-je, qui me permît de contester leur jugement ? Rien. J'ai donc abondé dans leur sens.

Dona Carmo s'est-elle avisée que le sujet pouvait ennuyer des tiers ? Elle en a changé – pas totalement, pourtant : elle a parlé de la maison du Conseiller Campos et des gens qui s'y rendraient ce soir-là. De mon côté – non sans habileté, je l'avoue – curieux de connaître l'état du cœur d'Osorio, j'ai demandé s'il serait de la soirée, puisqu'il appartenait lui aussi au barreau. Aguiar a répondu aussitôt que c'était possible, que cela dépendait. Il a été un peu question de l'avocat, dont les qualités ont été une fois de plus saluées ; mais ils ne lui en ont pas trouvé autant qu'à Tristan, ni d'aussi éminentes. Ils en parlaient avec sympathie, Aguiar plus que Dona Carmo : affaire de bons rapports entre banque et barreau.

– Mais, ai-je demandé, est-ce que ne couverait pas encore en lui quelque étincelle du feu ancien ?

– Ce n'est pas exclu : raison de plus pour qu'il fuie le danger, a conclu Aguiar.

Je n'ai pas eu envie de leur parler de ce que j'avais vu dans la rue, et d'ailleurs la conclusion de mon hôte était pertinente. Dona Carmo écoutait avec intérêt, mais sans intervenir. C'est une des personnes les plus discrètes que j'aie jamais rencontrées. Elle n'a pas voulu se prononcer sur le sujet, et son mari n'a pas tardé à passer à un autre. J'ai laissé faire.

Tel est le destin des amoureux éconduits : même leurs amis, comme Aguiar semble l'être d'Osorio, ne parlent d'eux qu'un instant, et passent à autre chose. Qu'ils se débrouillent tout seuls. Pour notre part, nous avons commenté quelques événements mondains et parlé des derniers romans arrivés de Paris. Dona Carmo en sait là-dessus plus que moi, et beaucoup plus que son mari qui ne sait rien mais qui nous a suivis comme s'il savait quelque chose. Il achète les livres, elle les lit et les lui résume pour qu'il s'en fasse une idée. Comme il a une excellente mémoire, il s'inspire aussi des comptes rendus parus dans la presse, mais il reste cette différence que sa femme, ayant une connaissance directe des œuvres, les analyse de façon beaucoup plus vivante et intéressante. Sur quelques auteurs contemporains je l'ai entendue faire plus d'une observation fine et judicieuse. Il est évident toutefois que, si son mari écrivait, elle le trouverait supérieur à tout autre car elle l'aime profondément, autant ou plus qu'au premier jour : telle est l'impression qu'elle m'a laissée, aujourd'hui encore.

De mon côté, pour leur faire plaisir – et un peu pour ma satisfaction personnelle, car je voulais également tirer profit de notre dialogue – je suis revenu au sujet qui les tient le plus à cœur et qui est probablement non pas Fidélia seule, ni Tristan seul, mais les deux réunis.

– Dites-moi, s'ils étaient frère et sœur et enfants de votre sang, ne serait-ce pas mieux que de les voir simplement amis, et chacun d'un sang différent ?

C'était la première fois que je leur tenais un tel propos, et il les a tellement enthousiasmés qu'ils se sont jetés sur le sujet, multipliant les déclarations les plus intéressantes. Il est trop tard pour que je les note maintenant mais je les garde en mémoire. J'indique seulement qu'au moment de partir je n'ai pu empêcher Dona Carmo de me reconduire jusqu'à la porte du salon, malgré son genou malade. Aguiar, lui, est venu jusqu'à la porte du jardin, tandis que sa femme se mettait à la fenêtre pour me dire encore une fois au revoir.

– Attention au serein, lui ai-je crié d'en bas, et bonne nuit.

Elle est rentrée. Aguiar et moi avons échangé une poignée de main. Sur le point de le quitter, l'idée m'est venue de parler du chien enterré là, à deux pas. Je ne l'ai pas fait d'emblée mais seulement après deux ou trois allusions, si brèves qu'elles m'ont pris tout au plus une minute, même pas. Aguiar m'écoutait, ébahi et gêné :

– Qui vous a raconté cela ?

– Tristan.

Je n'ai pas voulu mentionner Campos, qui m'a pourtant parlé lui aussi de l'animal. Aguiar a convenu de tout par son silence, puis en quelques mots, sans plus. Il a confirmé qu'ils s'étaient beaucoup attachés à cette petite bête et a fait allusion à la peine que sa maladie et sa mort avaient faite à Dona Carmo ; il s'est détourné un instant, puis, après un silence :

– Tristan, bien sûr, a dû rire de nous.

– Au contraire, il a fait votre éloge, sans réserve ; il a bon cœur, ce garçon.

– Oui, très bon.

Je ne suis pas porté à la mélancolie, ni à croire que de pareils attendrissements conviennent à un banquier mais, au moment de quitter Aguiar, je me suis senti de cœur avec lui. J'ai pris la rue de la Princesse en repensant à leur couple, sans prêter grande attention à un chien qui, au bruit de mes pas dans la rue, s'était mis à aboyer au fond d'une cour. Il ne manque pas de chiens qui en ont après vous, laids ou beaux, tous importuns. Comme j'approchais du Catete et que les aboiements se faisaient moins forts, il m'a semblé qu'ils m'adressaient un message : "Ami, vous ignorez ce qui m'inspire le présent discours, et cela importe peu. On aboie, on meurt : c'est le lot des chiens ; le chien d'Aguiar lui aussi aboyait, autrefois ; maintenant il oublie : c'est le lot des morts."

Le propos m'a paru si subtil, si aigu, que j'ai préféré l'attribuer à quelque chien qui aboierait dans mon propre cerveau. Quand j'étais jeune et vivais en Europe, j'ai entendu dire de certaine cantatrice que c'était un éléphant qui avait avalé un rossignol. Je crois qu'il s'agissait de la fameuse Alboni, corps énorme et voix délicieuse. J'aurai donc avalé un chien philosophe, à qui revient tout le mérite du propos. Allez savoir ce qu'un jour mon cuisinier a bien pu me faire ingurgiter. Au reste, ce n'était pas la première fois que je rapprochais voix vivantes et voix défuntes.

20 septembre

La journée du 18 (avant-hier) restera sûrement dans ma mémoire plus durablement et nettement que d'autres, à cause de la soirée que nous avons passée ensemble, nous les trois vieux. Sans doute n'ai-je pas rapporté tout ce qu'il fallait ni comme il le fallait, mais il m'a suffi de me relire, hier et aujourd'hui, pour sentir mes notes éveiller des souvenirs vifs, précieux. Elles me font tout retrouver : la bonne vieille, le bon vieux, la façon qu'ils ont de parler de leurs enfants d'emprunt (je continue de les appeler ainsi faute d'un mot plus juste), et surtout cette expression que j'ai surprise sur le visage de Dona Carmo plus encore que sur celui de son mari : celle du bonheur ambigu, mêlé, de gens qui vont perdre un des deux biens qu'ils ont reçus du ciel...

21 septembre

En sortant de chez moi, aujourd'hui, j'ai vu venir à ma rencontre, dans la rue, la sœur du contrôleur Miranda, Dona Césaria ; elle avait la mine si réjouie que j'ai cru qu'elle était en train de dire du mal de moi ; mais non, elle ne disait rien puisqu'elle était seule ; ou alors elle médisait à part soi – mais dans ce cas, sans auditeur, cela ne devait pas être aussi amusant ? Nous nous sommes salués et avons passé notre chemin.

22 septembre

... délicieuse Fidélia ! Je n'écris pas cela parce que je la convoite mais parce qu'elle est vraiment telle : délicieuse ! Quand nous nous sommes rencontrés, ce matin, cette créature de Dieu ne m'a-t-elle pas remercié d'avoir tenu compagnie à ses vieux amis de Flamengo, dans la soirée du 18 ?

– Je n'y ai aucun mérite : je suis arrivé, ils étaient seuls, j'ai passé la soirée avec eux, voilà tout.

– Précisément. Dona Carmo m'a dit que, s'il a manqué quelque chose à la soirée, du fait que Tristan et moi n'étions pas là, vous avez eu le don de nous faire oublier.

J'ai eu un sourire d'incrédulité, puis j'ai donné le fin mot de l'histoire : si j'avais pu faire oublier leur absence, c'est que la conversation avait roulé sur eux…

– Voilà ce qu'elle ne m'a pas dit, a interrompu Fidélia, ébahie.

– Elle ne vous le dira pas ; et ne lui en parlez pas. Considérez plutôt que mes cheveux blancs ont aidé à passer le temps. Vous n'imaginez pas ce que peuvent se dire trois vieux, dès lors qu'au long de leur vie ils ont quelque peu pensé et senti.

– Si, je le sais, je vous ai déjà plusieurs fois entendus tous trois.

– Mais alors c'était différent : votre présence donne à la conversation une note tout autre, de fraîcheur et de vivacité.

C'était la vérité ; c'était aussi un compliment ; Fidélia m'a remercié d'un sourire et a pris congé. Quant à moi, je le dis devant Dieu – et devant le diable, si tant est que ce dernier aussi me regarde tenir registre de ce que je vis –, je me suis mis à la suivre. Ce n'était pas curiosité, encore moins telle autre pulsion, mais pur plaisir esthétique. Je la regardais marcher : la grâce même. Elle était ce que j'ai dit plus haut, délicieuse. Sans montrer qu'elle le savait, elle devait bien le savoir : je n'ai pas encore vu de délicieuse créature ignorer ce qu'elle est. Se demander seulement si on l'est, c'est déjà commencer à le croire.

Une voiture l'attendait au Largo São Francisco, près de l'église. Nous débouchions de la rue de l'Ouvidor, à dix pas l'un de l'autre, ou à peine plus. Je l'ai vue s'arrêter, s'approcher pour parler au cocher, monter dans la voiture qui est partie aussitôt, en direction de Botafogo évidemment. Comme j'allais revenir sur mes pas, j'ai aperçu Tristan qui, du milieu de la place, suivait des yeux la voiture : il avait dû voir Fidélia y monter. En venant vers la rue de l'Ouvidor, il m'a aperçu à son tour, je l'ai attendu. Il est arrivé, les yeux encore éblouis, en s'écriant :

– Quel talent !

J'ai deviné qu'il faisait allusion au talent de musicienne de la jeune femme, ce qui ne m'a pas empêché de rester éberlué ; j'en ai presque oublié d'exprimer là-dessus mon accord ; je l'ai fait, d'un signe de tête et d'un mot, mais sans rien comprendre. Moi aussi j'aime la musique, je regrette même de ne pas savoir jouer d'un instrument pour adoucir ma solitude ; à sa place cependant, et en dépit de tous les Schumann du monde et de leurs émules, regarder Fidélia s'arrêter Largo São Francisco et monter dans sa voiture ne m'aurait pas inspiré la même exclamation mais une tout autre, également d'ordre esthétique, c'est vrai, mais d'une esthétique visuelle et pas auditive. Sur le moment, je n'ai pas compris.

Un peu plus tard, quand nous nous sommes séparés au coin de la rue de la Quitanda, je me suis demandé si, en m'apercevant, Tristan n'avait pas choisi ses mots à seule fin de me faire croire que son admiration pour Fidélia s'adressait avant tout à l'artiste. C'est bien possible : ce garçon est très maître de soi et pas incapable d'un peu de dissimulation. Ne voulant pas avoir l'air d'admirer des pieds mignons, il a parlé de doigts agiles. De toute façon, il s'agit toujours de la même personne.

30 septembre

Si j'écrivais un roman, je supprimerais les pages consacrées au 12 et au 22 de ce mois. Un roman ne tolérerait pas un tel parallélisme des événements. Dans l'une et l'autre de ces journées – qui s'appelleraient alors des chapitres –, j'ai rencontré en ville la veuve Noronha, l'ai vue monter dans un tram ou dans une voiture, et partir ; après quoi, je suis tombé sur deux personnages qui semblaient l'admirer. Je supprimerais donc ces deux chapitres ou les referais en supprimant leurs analogies. Mais ce serait aux dépens de l'exacte vérité, indispensable dans ce journal et non dans une œuvre d'imagination.

Une fois déjà, au début de ce cahier, j'ai parlé des symétries que peut présenter la vie, à propos d'Osorio et de Fidélia, chacun d'eux ayant un père malade au loin et chacun d'eux quittant Rio pour se rendre auprès du malade. Des situations de ce genre déplaisent dans les œuvres d'imagination, qui exigent de la diversité, voire d'apparentes contradictions. Telle est pourtant la vie, une chaîne d'actes et de gestes qui se répètent, comme cela s'observe à l'occasion des réceptions, des repas, des visites et autres divertissements ; ou, tout aussi bien, dans la vie professionnelle. Quelle que soit la façon dont le hasard tisse la trame des événements, on les voit souvent se reproduire, identiques au long du temps et au gré des circonstances ; il en va ainsi de l'Histoire, ainsi de tout le reste.

Cela me fournit une excuse au moment où j'ai à parler de mon genou malade, à l'instar de celui de Dona Carmo. Autre parallélisme de situations... Avec cependant deux différences. La première est que dans son cas le mal est appelé tout bonnement rhumatisme ; au lieu que mon propre rhumatisme, mon valet José le baptise névralgie, ce qui fait plus élégant, ou moins douloureux : une façon à lui d'aimer son patron. La deuxième différence...

La deuxième – ah ! Seigneur ! –, la deuxième est que Dona Carmo, si pénible que soit sa douleur au genou, a auprès d'elle son mari et ses enfants d'emprunt. Moi, j'ai laissé ma femme sous la terre de Vienne, et aucun enfant n'est sorti pour moi du berceau du Néant. Je suis seul, entièrement seul. Les rumeurs du dehors, voitures, animaux, hommes, sonneries de cloches et coups de sifflets, rien de tout cela ne s'adresse à moi. Tout au plus ma pendule, lorsqu'elle sonne les heures, semble me parler, mais de quelle voix lente, rare, funèbre. Et quand je relis les lignes que je viens de tracer j'ai l'impression d'être un fossoyeur.

Ma sœur Rita n'est pas venue me voir parce qu'elle ne sait rien et probablement n'est pas sortie; je sais qu'elle va bien. Voilà sept jours que mon genou me fait souffrir. Je dors convenablement la nuit mais je ne peux marcher sans avoir mal. Demain, si au réveil je ne constate pas d'aggravation, je sortirai.

2 octobre

Je vais mieux mais il a plu et je ne suis pas sorti.

3 octobre

– J'ai eu un duel avec la vieillesse, elle m'a logé une balle dans le genou – une douleur rhumatismale. Je pense que vous restez déjeuner avec moi?

Le Conseiller a répondu que non; on lui avait rapporté que j'étais malade et il venait simplement prendre de mes nouvelles. Dona Carmo allait mieux elle aussi, m'a-t-il dit. Elle est déjà sortie, mais pas longtemps, quelques pas sur la plage Russel.

– Toujours avec sa jeune amie. n'est-ce pas?

– Pas toujours; elle a son cher Tristan, qui l'accompagne le matin. Fidélia vous envoie ses amitiés, et Aguiar passera peut-être vous voir dans la journée; il n'a su qu'hier soir, comme moi.

Aussitôt après, Campos m'a raconté que sa nièce voulait aller passer quelques jours à la plantation.

– Malgré l'affection qu'ils lui portent, les affranchis ont commencé à ne plus travailler, et elle veut examiner la situation avant de tout vendre.

Je n'ai pas bien compris mais il ne m'appartenait pas de demander des explications. De lui-même, d'ailleurs, Campos m'a confié ne pas bien saisir les intentions de sa nièce. Il a ajouté qu'elle aurait souhaité partir sans tarder; ce sont les ennuis de santé de Dona Carmo qui lui ont fait accepter la proposition de son oncle, à savoir repousser le voyage jusqu'aux fêtes.

Nous partirons donc pour les fêtes, a-t-il conclu; il est probable que le travail aura entièrement cessé; si le régisseur n'a pas su à ce jour s'opposer au départ des affranchis il ne l'empêchera pas d'ici là. Mais Fidélia pense que sa présence suffira à faire cesser la désertion.

– Donc, si elle partait plus tôt... ai-je osé remarquer en esquissant un sourire.

– Je vous expose son point de vue, pas le mien; je ne crois pas que les choses puissent se passer comme elle l'espère, mais puisque je dois l'accompagner, j'aime mieux décembre qu'octobre. Je ne sais quoi me dit qu'elle ne redoute pas tant la fuite des affranchis qu'autre chose...

Il n'a pas achevé sa phrase. Il s'est levé, est allé arranger l'embrasse d'un rideau, est revenu en se grattant le menton, les yeux levés au ciel. Pour ne pas me laisser aller à le questionner, j'ai commenté son geste, en lui disant que ses jambes venaient de lui permettre ce que les miennes auraient encore un peu de mal à faire; mais j'aurais pu parler aussi bien au rideau, à l'embrasse, au tapis: Campos ne m'a pas répondu, et probablement ne m'avait pas entendu. Il s'est levé, m'a souhaité un prompt rétablissement et assuré qu'il repasserait bientôt. J'ai insisté pour qu'il reste.

– Non, je ne puis, j'ai un invité : Tristan vient dîner à la maison.

Pour lui montrer que j'allais mieux, je l'ai raccompagné jusque sur le palier en marchant sans broncher. Je l'ai remercié de son aimable visite et suis rentré au salon avec en tête la vision de la veuve sur le chemin de la plantation. Qu'est-ce qui peut bien la pousser à aller s'y fourrer, en compagnie d'une demi-douzaine d'affranchis, en admettant qu'elle en trouve encore ?

Un peu plus tard, deuxième visite, celle d'Aguiar, qui m'a transmis le bon souvenir de sa femme. Il s'est réjoui de me voir debout au milieu de la pièce.

– Il ne fallait pas vous déranger, lui ai-je dit ; cela n'a rien été, une bagatelle ; je me sens complètement guéri et, aujourd'hui même, si la pluie cesse comme elle semble vouloir le faire, je vous raccompagnerai chez vous, après le dîner. Car vous dînez bien avec moi ?

– Non, je ne peux pas, j'ai des invités. S'il n'y avait que Fidélia, je ne me gênerais pas, mais j'attends aussi un de mes collègues de la banque.

– Eh bien, j'irai prendre le thé*.

– Venez, si vous le voulez, mais je ne le vous conseille pas. La pluie a beau avoir cessé, il fera humide, et pour le rhumatisme…

– Mais Dona Carmo est sortie, je crois.

– Oui, hier, et on peut dire qu'elle est rétablie. Malgré cela, elle n'a pas mis le nez dehors aujourd'hui, à cause du temps. Encore une fois, venez si vous voulez, mais à votre place je ne sortirais pas.

---

* À cette époque, les Brésiliens dînaient très tôt, vers cinq ou six heures ; après quoi, en famille ou entre amis, on prenait le thé.

Aguiar s'en est tenu là et a pris congé. Il m'a pourtant semblé (pure illusion, peut-être) qu'il désirait ajouter quelque chose mais ne s'est pas décidé à le faire. Je ne vois pas de quoi il pouvait s'agir. Si de mon côté je ne redoutais pas un peu le serein, j'irais leur rendre visite ce soir, mais l'humidité est certaine, et la pluie probable : je vais rester. Si quelque amateur d'échecs se présente, je jouerai aux échecs ; si c'est seulement un amateur de cartes, va pour les cartes. Et si personne ne vient, je me risquerai à composer mentalement un poème.

6 octobre

Ma sœur Rita, chère Rita
La dernière me visita,

... ici s'arrête le poème : c'est tout ce dont ma muse est capable ; pour le reste, retour à la prose. Voilà ce que j'ai composé, non pas le 3 au soir mais ce soir même (6 octobre) après avoir raccompagné ma sœur à Andaraï. J'avais déjà reçu plusieurs visites, d'amis ou même d'indifférents, comme le Docteur Faria, qui m'a transmis le bon souvenir de sa femme, et le contrôleur Miranda, qui en a fait autant de son côté.

Avant-hier, c'est Tristan qui est venu, et je suis sorti dans l'après-midi, de même qu'aujourd'hui. Me voici donc rétabli, ce qui ne m'a pas empêché de traiter Rita de sans-cœur. De son côté, elle m'a avoué qu'elle ne sortait plus de chez elle depuis trois semaines à seule fin de voir si elle avait un frère qui pensât à elle.

– Tu en avais, et tu en as un, ai-je répliqué, mais qui vient seulement de recouvrer la santé.

Je lui ai parlé de mon genou douloureux, de ma vie de reclus. D'abord sceptique et goguenarde, elle a fini par me croire et compatir. Elle m'a reproché, évidemment, de ne pas l'avoir fait prévenir ; je lui ai répondu que je la gardais pour l'ultime maladie, celle qui m'emporterait. Nous avons bavardé longtemps sur ce ton, dans un échange plein d'affection, d'aménité, de gaieté aussi, parfois. Quand je lui ai demandé si elle était allée voir les Aguiar ou la famille Campos, elle m'a assuré que non ; sans quoi, a-t-elle ajouté, elle aurait appris ma maladie dans l'une ou l'autre de ces maisons, et pas en arrivant ici.

– Alors tu ignores tout du projet de voyage à la plantation ?

– Projet de qui ?

– De la veuve Noronha.

– D'aller à la plantation ?

– Oui, à Santa-Pia, pour voir comment vont les choses là-bas ; il semble que les affranchis désertent le domaine. Je le tiens de son oncle.

– Je n'en ai rien su ; voilà près d'un mois que je ne sors pas de chez moi. Mais pourquoi n'est-ce pas l'oncle qui y va ?

– Il y va, mais avec elle ; sa nièce souhaite sa compagnie mais, à ce qu'il me semble, seulement sa compagnie, pas sa collaboration. Ils partiront pour les fêtes. Je ne comprends pas le besoin qu'elle a de faire ce voyage, alors que ce serait bien plutôt l'affaire d'un homme.

Rita a émis l'idée d'aller interroger l'intéressée elle-même. Je lui ai fait observer que ce serait peu discret et pourrait nous faire accuser de curiosité. Sur ce, elle est sortie faire un tour, puis est revenue pour dîner. J'avoue une chose : après son départ, je me suis demandé si elle n'allait pas tenter d'apprendre par des amis, voire de la bouche de l'intéressée, la vraie raison de ce voyage, et je lui ai posé la question à table. M'eût-elle juré le contraire, elle n'eût fait que renforcer mes soupçons. Mais elle m'a répondu très tranquillement en énumérant les visites qu'elle avait faites, dont une à Dona Carmo.

– Elle se porte comme un charme et m'a reçue en riant comme elle seule sait le faire, de son rire qui vient du cœur, si simple, si franc... Nous avons parlé de Tristan, de Fidélia, avec de sa part une tendresse, une affection que tu n'imagines pas.

– Et elle n'est pas au courant, pour le voyage ?

– Si ; elle pense même qu'il se fera avant les fêtes : c'est désormais une question de jours. Elle approuve et le déplacement et ce qui le motive ; selon elle, la veuve jouit d'un grand prestige auprès de ses affranchis. Pour sa part, la bonne dame partirait volontiers aussi, si elle pouvait, mais Aguiar ne peut pas laisser la banque, ni rester seul.

– Mais il ne serait pas seul, Tristan est là.

– Impossible, et pour deux raisons. La première est que ni Tristan ni personne ne peut remplacer la bonne Carmo. Son mari a beaucoup souffert du séjour qu'elle a fait cette année à Nova Friburgo. Elle ne me l'a pas dit, mais je l'ai su. On le sent bien, tout le monde le sait bien : sans Carmo, Aguiar est perdu. La seconde raison, c'est que Tristan lui-même souhaite accompagner le Conseiller et Fidélia ; il n'a jamais vu de plantation et aimerait en visiter une avant de repartir pour Lisbonne...

– Et notre vieille amie ne prend pas trop mal cette défection de ses deux enfants ?

– C'est ce que je lui ai demandé ; elle m'a répondu que c'était seulement l'affaire de quelques jours et que, de toute façon, si les autres doivent s'attarder, Tristan, lui, rentrera seul. Il veut passer auprès d'elle et de son mari le plus de temps possible.

Ma sœur ne serait pas mécontente (c'est visible) de trouver au filleul d'Aguiar quelque grave défaut, mais elle n'en trouve aucun, ni grand ni petit, et elle lui en veut. Délibérément, elle ne dit du bien de lui que dans la mesure où elle répète ce qu'on a dit devant elle. Pour moi, je n'en pense pas de mal, et même plutôt du bien, je crois l'avoir déjà écrit dans quelques-unes de ces pages; mais je n'ai rien dit à Rita à ce sujet. Je me suis borné à déplorer la médiocrité de mon dîner: seuls ont été passables le poulet et les fruits – moins les poires...

Au café, Rita m'a rapporté quelques anecdotes sur son quartier d'Andaraï, où je l'ai raccompagnée sur les dix heures, et d'où je viens de rentrer pour écrire ces lignes, en finissant comme j'ai commencé:

Ma sœur Rita, chère Rita
La dernière me visita.

10 octobre

Allez comprendre les femmes! On veut aller en personne à la plantation: c'est nécessaire et urgent; Campos se fait donner un congé de quelques jours, Tristan boucle sa valise; sur ce, plus d'urgence ni de nécessité. Finalement, seuls sont partis Campos et Tristan. Voilà ce que j'ai appris de la bouche des deux dames (Dona Carmo et Fidélia) cet après-midi, devant le portail de leur jardin de Flamengo; j'allais entrer, et elles sortir. Après quelques mots de Dona Carmo, Fidélia a confirmé:

– En effet, je ne suis pas partie. Il suffit largement d'un homme pour régler les questions en suspens. Du reste, j'ai reçu de là-bas des informations rassurantes.

– C'est tout bénéfice, ici, pour vos amis, ai-je répondu.

Dona Carmo a dit la même chose que moi, mais sans paroles, du regard seulement. Elle et moi avons pris des nouvelles de nos rhumatismes: tranquillité de part et d'autre.

Puis, comme ces dames partaient pour la promenade, j'ai décidé de les accompagner. Elles avançaient bras dessus, bras dessous, moi à leur côté, entre elles et la mer qui battait doucement le rivage. La conversation languissait parce que la veuve gardait les yeux obstinément baissés. Tout en me parlant, son amie regardait souvent de son côté, et j'en faisais autant. Fidélia parlait peu ; pendant ses silences, elle ne regardait pas sa compagne. La promenade a été courte ; je suis rentré avec les dames au jardin ; Aguiar y est arrivé peu après, apportant des lettres de Lisbonne pour Tristan. L'une d'elles était de son père, j'ai reconnu l'écriture ; l'autre, à en juger par l'épaisseur de l'enveloppe, devait être de sa mère. Aguiar avait d'abord pensé les faire suivre à Santa-Pia puis s'était ravisé, faute de savoir si le garçon allait revenir bientôt ou prolonger son séjour. Au cas où il reviendrait prochainement, lui Aguiar attendrait ; au contraire, il ferait suivre si le garçon devait s'attarder.

Consultée, Dona Carmo a jugé plus pratique d'envoyer à Tristan un billet lui demandant d'indiquer la date de son retour, afin qu'on sache quoi faire de sa correspondance. Fidélia, de son côté, n'avait pas de nouvelles de son oncle. Selon elle, il allait probablement rester quelques jours encore pour prendre les dernières dispositions et réunir les actes notariés nécessaires à la vente du bâtiment et des terres ; il devait réaliser la vente pas l'intermédiaire de la Banque du Sud, mais elle ne disposait d'aucune information précise, et Aguiar non plus.

Invité à mon tour à donner mon avis, j'ai dit que l'intéressé apprenant que des lettres l'attendaient, dont certaines, peut-être, émanant d'hommes politiques, demanderait sûrement qu'on les lui transmît, à moins qu'il ne vînt lui-même les ouvrir. La seconde hypothèse n'a pas déplu à la marraine, qui l'a jugée plus sûre. En fin de compte, ai-je ajouté, qu'est-ce que Tristan pouvait bien faire là-bas, une fois la plantation visitée ? Or, la visite devait être rapide, le visiteur n'ayant nul souvenir personnel à réveiller, nulle habitude ancienne à retrouver. Voilà à peu près le propos que j'ai tenu, et les Aguiar ont été de mon avis. Quand j'ai demandé à Fidélia si elle n'allait pas regretter la demeure où elle était née, où elle avait grandi, elle m'a répondu que si, mais qu'elle ne se sentait plus le goût d'y vivre.

– Là-bas, a-t-elle conclu, la situation exige désormais une poigne d'homme.

Dona Carmo a accueilli cette déclaration avec le plus vif plaisir ; telle aurait été aussi, sans doute, la réaction d'Aguiar, mais il était sorti sur le trottoir pour parler à un voisin, et n'avait rien entendu. À son retour, j'en étais déjà à prendre congé des dames, ce qui ne l'a pas empêché de m'inviter à rester dîner. J'ai décliné son offre et quitté le jardin. En m'éloignant, je l'ai entendu dire aux deux amies :

– Qui sait quelles nouvelles apporteront ces lettres ?

En chemin, j'ai regretté de n'être pas resté pour le dîner. J'aurais pu profiter du *grand talent* qui a arraché à Tristan sa fameuse exclamation. Ce n'aurait pas été le plaisir de la découverte, mais enfin je l'aurais entendue une fois de plus – encore qu'elle répugne à nouveau, paraît-il, à se produire au piano. Il est vrai que les Aguiar vont peut-être la raccompagner ce soir à Botafogo. Mais elle peut aussi rester dormir chez ses parents adoptifs.

12 octobre

Hier, Aguiar et sa femme sont allés reconduire leur amie à Botafogo et sont rentrés tôt. C'est lui qui me l'a dit tout à l'heure, à la porte de la banque où je bavardais avec le contrôleur Miranda. Aucune nouvelle de Tristan mais le billet que lui a écrit son parrain a été posté et partira aujourd'hui pour Santa-Pia. Que les ailes de la poste l'emportent, notè-je sur ce coin de ma feuille, en ne m'avisant qu'après coup de ce que l'image a de recherché. Je ne la biffe pas pour autant, ni ne la change ; elles sont bien utiles, ces ailes de la poste, puisqu'elles iront toucher la plantation et y porter le billet, à condition de ne pas le perdre en chemin. J'avoue être curieux, moi aussi, du contenu des lettres de Lisbonne ; curieux, sans plus, et d'ailleurs je ne vois rien d'étonnant à ce qu'elles soient, cette fois-ci, nombreuses et fournies. Quoi qu'il en soit, les deux vieux, eux, sont anxieux de savoir si on lui demande de rentrer au Portugal. Ils n'en disent rien mais cela se voit.

Miranda m'a répété que chez lui, de sa femme à Faria son beau-frère en passant par sa belle-sœur Césaria, toute la famille meurt d'envie de me revoir – amabilités pour lesquelles je lui ai demandé de transmettre mes remerciements, en l'assurant que j'irais les exprimer personnellement un de ces soirs. Finalement, ce contrôleur est un brave homme et il m'a déjà été utile dans une affaire de sa compétence. Il parle toujours sur un ton badin, sans tomber dans la gaminerie, et accorde une grande importance à des choses qui n'en ont aucune.

13 octobre

Campos a écrit à sa nièce en lui rendant compte de la situation à la plantation et lui racontant les promenades qu'il a faites en compagnie de Tristan. Qu'il s'agisse de voir ou de chercher à savoir, celui-ci manifeste à la fois curiosité et discrétion. Le chapelain est à sa disposition, ainsi que le juge local. Sans référence au billet d'Aguiar puisqu'elle lui est antérieure, la lettre n'en indique pas moins que Tristan ne restera pas là-bas longtemps ; il compte revenir d'ici quelques jours.

Dona Carmo espère qu'il décidera d'abréger encore son séjour lorsqu'il aura reçu le billet de son mari. Elle ne m'en a pas parlé lors de ma visite d'hier, et personne ne m'en a rien dit, mais c'est ce que je crois avoir lu sur son visage. Elle a reçu la lettre du Conseiller des mains mêmes de Fidélia, qui a passé là-bas la soirée d'hier et accepté, cette fois, de se mettre au piano ; je ne sais si elle a plus ou moins de talent que Tristan, mais son jeu m'a plu. S'ils avaient été là tous les deux, ils auraient pu jouer à quatre mains. Nous n'étions que cinq à l'entendre. Son cousin l'étudiant l'avait accompagnée ; il est reparti avec elle pour Botafogo sur les dix heures.

17 octobre

Tristan est revenu. J'ignore ce que lui auront appris les lettres de Lisbonne, je n'ai parlé à aucune des personnes qui pourraient le savoir. Je passerai à Flamengo un de ces jours, demain peut-être.

Aujourd'hui, je n'ai pas l'intention de sortir : c'est mon anniversaire. Je vais atteindre mes soixante... n'écris pas le chiffre exact, mon pauvre vieux ; il suffit que ton cœur le connaisse et qu'il soit inscrit par le Temps au grand livre des gains et des pertes. Non, n'écris pas tout, cher ami.

Je ne sors pas. Si ma sœur Rita vient déjeuner, comme l'an dernier, je la raccompagnerai ce soir à Andaraï. Si elle ne vient pas, eh bien, je resterai seul.

Je vais tuer le temps en relisant quelques vieux papiers que mon valet José a trouvés dans une vieille malle et qu'il vient de m'apporter. Sur sa figure se lisait le plaisir qu'on éprouve à rendre un service qui soit aussi une surprise ; ravi d'avoir découvert de vieux papiers qui pourraient être importants, il riait, roulant de grands yeux, presque ému.

– Monsieur les cherche peut-être depuis longtemps.

Ce sont des lettres, des notes, des minutes, des relevés de comptes, un enfer de vieux souvenirs qu'il aurait mieux valu ne pas rouvrir. Qu'aurais-je perdu à ne pas disposer de ces papiers ? Je n'en avais cure et ils ne m'auraient probablement jamais fait défaut. Me voilà maintenant devant cette alternative : ou les lire avant de les brûler, ou les brûler tout de suite. Je penche pour la seconde solution. En face de moi mon brave José gardait sur le visage l'expression de contentement qu'y avait fait naître sa trouvaille. Naturellement, il rendait grâce à sa bonne étoile qui la lui avait permise ; il doit penser que c'est entre nous un lien de plus. En fait, peut-être s'est-il occupé de la malle dans l'espoir d'y découvrir quelque objet de valeur égaré, un bijou, par exemple, ou moins que cela, simplement une chemise, un gilet, un mouchoir, et dans ce cas il n'est pas exclu qu'il eût gardé pour lui sa trouvaille. Étant tombé sur de vieux papiers, il est fidèlement venu me les remettre.

Je ne lui en veux pas pour autant. Pas plus que je ne lui en ai voulu le jour où je me suis aperçu qu'il prenait dans mes gilets, en les brossant, deux ou trois piécettes chaque jour. C'était il y a deux mois, et il avait probablement commencé plus tôt, dès le moment où il est entré à mon service. Je ne me suis pas mis en colère ; j'ai surveillé ma monnaie, ça oui ; mais pour qu'il ne se sache pas découvert, de temps en temps je laisse exprès quelques petites pièces, sur lesquelles il opère ponctuellement une soustraction ; en constatant que je ne me fâche pas, il doit me donner des qualificatifs peu flatteurs : tête en l'air, vieux sot, gobe-mouches... Je ne lui en veux ni de son nom ni de ses qualificatifs. Il me sert bien et m'est attaché ; il pourrait me voler plus et me qualifier plus durement.

Ma décision est prise, je fais brûler mes papiers, à la grande déception du pauvre José qui s'imaginait avoir découvert un trésor de souvenirs et de nostalgies. Je pourrais lui dire que la tête d'un homme recèle de vieux papiers qui ne brûlent jamais et jamais ne s'égarent dans de vieilles malles ; il ne me comprendrait pas.

17 octobre, 2 heures

Je commence à recevoir des cartes de visite à l'occasion de mon anniversaire, entre autres celles du ménage Aguiar et de Tristan, plus une de Fidélia. La veuve a employé la formule suivante : *vous salue bien amicalement.* Je me rappelle maintenant que le 12, quand nous nous sommes trouvés ensemble à Flamengo, elle avait déjà usé de l'expression "bien amicalement" comme de la plus douce que je pusse attendre d'elle. Cela avait été sa façon de répondre à un compliment discret de ma part, qui en redoublait un autre, adressé par Dona Carmo. De là les salutations d'aujourd'hui. Le billet de Tristan parle d'admiration, celui des Aguiar d'affection et d'estime. Rita ne m'a pas écrit, elle viendra sûrement dîner.

Minuit

Elle est venue, Rita, elle est venue ! Elle a dîné avec sa gaieté habituelle et a lu toutes les lettres et cartes de visite que j'ai reçues. Elle m'a expliqué qu'elle se trouvait hier à Flamengo et avait parlé de mon anniversaire ; d'où les gestes aimables d'aujourd'hui.

En apprenant la visite qu'elle avait faite, je n'ai pas pu me retenir de lui parler des lettres arrivées pour Tristan. Elle m'a dit être au courant. Les lettres venaient des parents de Tristan ainsi que d'amis politiques. De la plume de ses parents, il y en avait une pour Dona Carmo, avec un post-scriptum pour son mari. Après quelques hésitations, j'ai demandé si on pressait Tristan de rentrer.

– Ses parents, non, m'a-t-elle répondu ; pour ses amis politiques, je ne sais, mais j'ai appris de Dona Carmo qu'ils parlaient beaucoup de la situation politique de là-bas. En m'en faisant la confidence, elle paraissait contrariée, inquiète, elle redoute déjà la séparation ; c'est pourtant la chose la plus naturelle du monde.

– Tristan n'a rien dit ?

– Rien que j'aie entendu, en tout cas. Je suis restée une bonne demi-heure à bavarder, et la conversation a roulé essentiellement sur la visite de Tristan à Santa-Pia ; la plantation lui a paru constituer un document vivant de grand intérêt sur le mode de vie dans notre Brésil rural. Il a pris plaisir à découvrir la grande véranda, les cases des esclaves, le réservoir, les cultures, ainsi qu'à entendre l'appel de la cloche. Il a même exécuté quelques croquis. Fidélia écoutait tout avec la plus vive attention, posait des questions auxquelles Tristan ne manquait pas de répondre.

– Elle est toujours décidée à vendre le domaine ?

– Il n'en a pas été question.

– Mais elle va le vendre, cela ne fait aucun doute. Du moins était-ce prévu depuis un certain temps déjà, et le Conseiller est resté là-bas pour mettre tout au point. Au fait, quand rentre-t-il ?

– Dans une semaine environ, d'après ce que j'ai entendu dire ; au pire, dans une quinzaine.

– Fidélia a dîné chez eux, bien sûr ?

– Non. Quand je me suis disposée à partir, à quatre heures, Carmo m'a demandé de rester. Comme j'avais une autre visite à faire, j'ai refusé. Alors Fidélia a dit qu'elle allait en profiter pour partir en ma compagnie. Carmo a insisté pour qu'elle reste dîner mais Fidélia a expliqué qu'on l'attendait chez elle, qu'elle ne pouvait pas ; elle reviendrait le lendemain ou le jour suivant. Carmo et Tristan nous ont reconduites jusqu'à la porte du jardin et nous avons allongé le pas. À l'angle de la rue de la Princesse, alors que j'oubliais de me retourner, Fidélia y a pensé, et je l'ai imitée ; immobiles au bord du trottoir, nos deux hôtes nous disaient au revoir de la main.

Rita m'a ensuite raconté qu'elle était allée jusqu'à Botafogo. Elles ont parlé en chemin, ou plutôt Fidélia, elle, a peu parlé ; elle paraissait préoccupée. Cela ne l'a pas empêchée de se montrer telle que toujours, affable, presque affectueuse ; elle a eu l'air de s'intéresser à la vie de Rita, a exprimé des regrets de ne pas la rencontrer plus souvent, disant que cela lui manquait ; elle s'est excusée de ne pas être allée à Andaraï depuis longtemps. Elle était laconique, certes, mais sans aucune sécheresse dans la voix, au contraire.

Elles ont évidemment parlé de Dona Carmo et d'Aguiar ; un peu de Tristan aussi, pour tomber d'accord sur l'affection qu'il porte à ses parents de substitution.

Près de la maison de son oncle, Fidélia est entrée chez un fleuriste commander les fleurs qu'elle portera le 2 novembre sur la tombe de son mari. Rita, pour sa part, n'avait pas encore pensé à commander les siennes ; elle le fera peu avant le jour des Morts et ira les prendre elle-même en ville. Elle m'a décrit la veuve dans le magasin, le soin avec lequel elle a fait son choix, ses exigences, le nombre des couronnes – trois –, les combinaisons de couleurs qu'elle a imposées, son refus de rien laisser à l'initiative de l'artisan.

J'ai écouté toutes ces précisions, et d'autres encore, avec intérêt. J'ai toujours eu du goût pour les comportements, pour tout ce par quoi les caractères se révèlent, se dessinent. J'aime voir et entrevoir, pour tirer ensuite des conclusions. Cette Fidélia fuit quelque chose, et peut-être est-ce elle-même qu'elle fuit. Comme j'allais le dire à Rita, je me suis rappelé le vieil adage, j'ai tourné sept fois ma langue dans ma bouche, et finalement n'ai pas soufflé mot ; ma sœur aurait été capable d'en renverser son potage. Il est possible aussi que ma conclusion soit fausse.

Je ne note pas tout. Rita a achevé le récit de sa soirée, puis de son retour, après quoi je lui ai demandé pourquoi elle n'était pas venue dîner avec moi hier. Elle m'a répondu qu'ayant bien l'intention de venir ce soir, elle ne voulait pas, en passant la veille, risquer d'être invitée. J'ai ri et nous sommes passés à table. Tout était prêt. Au centre trônait un bouquet de fleurs, une attention de ma sœur, qui les avait fait livrer à mon insu ; je lui ai demandé si elles faisaient partie de la commande de Fidélia, et elle a ri à son tour. Je l'ai remerciée d'avoir pensé à moi, nous avons mangé gaiement, en nous rappelant de menus faits de notre enfance, du temps où nous vivions en famille.

18 octobre

À mon réveil, la première idée qui m'ait traversé la tête a été celle-ci, que j'avais notée hier à minuit : "Cette femme (Fidélia) fuit quelque chose, et peut-être est-ce elle-même qu'elle fuit."

Fidélia n'est pas retournée à Flamengo, malgré la promesse faite à Dona Carmo. Celle-ci l'avait trouvée chez elle le pinceau à la main : Fidélia s'était souvenue d'avoir pratiqué la peinture étant petite fille, et avait commencé à peindre un coin de son jardin. Elle avait alors promis de passer à Flamengo le lendemain, ce qu'elle n'a pas fait.

En apprenant le motif de son absence, Tristan a observé que la veuve avait peut-être autant de talent comme peintre que comme musicienne ; j'ignore s'il a qualifié ce talent de "grand", il ne me l'a pas dit. Car c'est de lui-même que je tiens ce qui précède et ce que je vais noter à présent, de peur de l'oublier. Il était venu déjeuner avec moi.

– Je viens déjeuner, Conseiller ; à l'instant, en revenant de promenade, l'idée m'est venue de monter et de demander à vous voir. Votre valet m'a dit que vous alliez déjeuner ; j'ose demander une place à votre table.

– Une, deux, trois, Docteur, toutes les places que votre amitié et votre appétit solliciteront.

Il m'a donné des nouvelles des Aguiar, qui vont bien, m'a parlé de sa famille et des lettres d'ordre politique reçues de Lisbonne. Il les a déjà lues à son parrain et à sa marraine ; une seule d'entre elles exprime le souhait de le voir rentrer sans tarder : "Nous espérons que vous ne resterez plus longtemps à Rio de Janeiro."

– Et ce sera le cas ?

– Je ne sais ; mais il est naturel que je ne m'attarde pas, la politique m'appelle.

Pendant le déjeuner, Tristan m'a parlé de la toile que la veuve est en train de peindre, de la promesse qu'elle a faite et n'a pas tenue. Et il a ajouté :

– Puisqu'elle sait peindre, il m'a semblé qu'elle devrait prendre pour motif, plutôt que son jardin, la mer vue de Flamengo, avec la montagne au loin, l'entrée de la barre, quelques îles, une barque, etc. Aussitôt de mon avis, notre marraine est allée lui proposer ce changement. La suggestion lui a plu, elle a promis d'aller là-bas poser son chevalet, et n'est pas venue.

– C'est qu'elle a de la tendresse pour son jardin. En général, les artistes exécutent mieux ce qui naît de leur propre inspiration. Mais saura-t-elle encore peindre, comme elle a dit qu'elle le faisait autrefois ?

– Notre marraine a vu simplement quelques esquisses, elles lui ont paru bonnes.

Nous sommes tombés d'accord qu'elles devaient être bonnes. De fil en aiguille, nous en sommes venus à parler du charme de la veuve, de sa retenue, de sa discrétion, des souvenirs que lui ont laissés ses voyages, de son bon goût, de ses manières et, je crois, même de ses yeux. Moi, en tout cas, je suis sûr d'en avoir parlé, et je me rappelle maintenant que Tristan les a jugés à la fois beaux et graves. Opinion personnelle ou désir de faire diversion, il a ajouté que ses anciennes compatriotes lui paraissaient avoir en général de beaux yeux ; bon moyen de ne pas paraître faire l'éloge de la seule veuve Noronha. Du point de vue de l'équité comme de celui de l'esthétique, j'ai apprécié ce jugement. Dans le cours de la conversation, une idée m'est venue, que j'ai soumise à Tristan : Dona Carmo, qui aime tant ses deux enfants, aurait dû proposer à son amie, au lieu d'une marine, un portrait. Le vôtre, ai-je ajouté, serait pour votre marraine le plus beau des souvenirs, quand vous serez parti : le visage de son fils, peint par sa fille. Tristan m'a écouté en souriant puis a repris en écho, comme qui penserait tout haut :

– Le visage de son fils, peint par sa fille…

Je renonce à donner une idée de ce sourire, parce que s'y lisait un mélange de désir, d'espoir, de regret, et que je ne sais ni décrire ni peindre… Mais il a bien été tel que je viens de le dire, en admettant que ces trois mots puissent donner une idée du mélange, et que celui-ci n'ait pas été plus complexe encore. Nous sommes passés de là aux galeries d'art d'Europe, à ce que nous y avons vu. Quand nous sommes revenus à nous, le repas était fini… Je lui ai offert des cigares et mon cœur. Je veux dire que je lui ai demandé de venir souvent me donner le plaisir d'une heure aussi délicieuse ; à quoi il m'a répondu qu'en l'occurrence il n'était pas question pour lui de donner mais de recevoir. C'était me retourner mon compliment, et avec esprit.

Il a pris congé et est parti. J'ai failli sortir sur ses pas mais me suis ravisé et suis venu écrire ces lignes afin, comme je l'ai écrit plus haut, de ne rien laisser tomber dans l'oubli. Ma page faite, je trouve confirmée mon impression première : Tristan est un honnête garçon. Pas incapable, peut-être, d'un peu de dissimulation, sans parler d'autres défauts qui sont le produit de notre société ; mais en ce bas monde, nul n'est parfait. Bon, je vais sortir, et demain ou un jour prochain j'irai m'enquérir de la vue de jardin ou de la marine de la belle Fidélia.

28 octobre

De marine, de jardin, nulle nouvelle. Fidélia n'est pas retournée à Flamengo, elle a envoyé aujourd'hui à sa vieille amie un billet où elle lui demande de l'excuser : elle parle chiffres avec son oncle, revenu hier de la plantation. Je ne sais plus si j'ai déjà noté que c'est par l'intermédiaire de la Banque du Sud que sera conclue la vente de Santa-Pia.

Sous prétexte de m'en faire apprécier le style, Dona Carmo m'a fait lire le billet. Il est bien tourné, certes, mais ce qui compte en vérité pour la vieille dame, c'est la douceur qu'elle éprouve à lire et faire lire ce qu'écrit son amie. Je lui ai rendu le billet, qu'elle a relu une fois de plus, en silence ; elle devait déjà le connaître par cœur. En passant, elle a trouvé le moyen d'approuver mon idée de voir son fils peint par sa fille ; Tristan lui en avait parlé.

– Il faudra que j'en touche un mot à Fidélia.

Tristan n'était pas là, il était allé dîner avec un ministre. Franchement, il était plus facile à la jeune femme de promettre une marine que de la peindre. Quant à l'intention exprimée par Dona Carmo, je pense qu'elle n'aura pas de suite ; elle n'osera pas proposer à la veuve de venir à Flamengo peindre son fils sur fond de paysage marin. Quelque familiarité qu'il y ait peut-être entre eux, elle s'accommoderait mal du long travail de l'artiste, qui pourrait causer de la gêne, ou je ne sais quoi d'autre…

Je pose maintenant la plume pour aller dormir, et relaterai demain la suite de la soirée.

29 octobre

Le reste de la soirée, je l'ai passé chez Faria dont on fêtait l'anniversaire. Il y avait du monde, de la gaieté, un peu de chant, un peu de piano, la conversation, aussi : je suis resté plus que prévu.

Malgré la fête du jour, Faria riait mal, riait grave, riait contrarié – je ne sais comment rendre compte avec justesse de son air véritable. C'est un de ces hommes nés pour ennuyer, tout épines, tout aspérités. Sa femme, Dona Césaria, s'amusait et plaisantait comme de coutume. Elle n'a dit du mal de personne, faute de temps, à mon avis, et non faute de matière : tout est bon aux mauvaises langues. Jusque dans sa façon d'approuver ceci ou cela, il y avait une sorte de sarcasme, difficile à percevoir pour qui n'a pas l'habitude et le goût de ces créatures comme je l'ai, vieux médisant que je suis moi aussi. Ou serais-je tout le contraire ? Qui sait ? Au prochain jour de pluie fastidieuse, il faudra que je fasse l'analyse de mon propre caractère.

À mon départ, Faria m'a remercié, m'exprimant son plaisir nasal et rauque – ainsi osè-je définir les quelques mots qu'il m'a adressés, accompagnés d'un fugace sourire de porte de prison.

1er novembre

Aujourd'hui, Toussaint ; demain, jour des Morts. L'Église a eu raison de fixer une date pour qu'y soit célébré le souvenir de ceux qui s'en sont allés. Dans le tumulte de la vie, au milieu de ses séductions, qu'un jour au moins leur soit consacré… Les présents points de suspension traduisent l'effort que je faisais pour poursuivre jusqu'au bout de la page sur le ton de la mélancolie ; je ne peux, je n'ai jamais pu rien faire de tel. M'attrister n'est pas mon fort. Et pourtant, quand j'étais jeune et faisais des vers, ils n'ont jamais exprimé que la plus sombre tristesse. Avec les larmes que j'ai versées alors – noires puisque l'encre était noire –, il y aurait eu de quoi inonder le monde qui est, comme on sait, leur vallée.

2 novembre

Ma sœur Rita est allée aujourd'hui au cimetière porter nos fleurs.

– Rends-toi compte : je me suis levée à cinq heures et demie pour me préparer et être de bonne heure à Saint-Jean-Baptiste ; j'y suis arrivée à un peu plus de huit heures et il y avait déjà beaucoup de monde ; mais ce sera sûrement pire cet après-midi. Je ne suis pas venue te chercher, certaine que tu aurais refusé.

– Mais j'ai assisté à la messe à l'église de la Gloria.

– C'est tout près d'ici.

– Peut-être serais-je allé jusqu'au cimetière. Beaucoup de belles tombes ?

– Assez ; entre autres celle du mari de Fidélia. Les fleurs qu'elle avait commandées étaient là, disposées au mieux, et faisaient grand effet ; le Conseiller a dû envoyer aussi sa gerbe, son nom figurait sur un ruban.

– Vous vous êtes parlé ?

– Non, elle était déjà repartie.

– Alors, comment sais-tu qu'elle est allée elle-même porter fleurs et couronnes ?

– Cela se voyait à leur disposition.

– Vraiment?

– Vraiment, mon frère. À la façon dont elles étaient disposées, arrangées, leurs couleurs combinées, on reconnaissait la main d'une femme. Il y a des choses que des mains d'homme ne savent pas faire; une main d'homme, c'est lourdaud, c'est maladroit, et si l'on pense à celle du Conseiller, c'est pire, à l'image de toute sa personne. Tiens, par exemple, le nom du mari – son patronyme seulement, pas son nom complet* – était entouré d'immortelles; il n'y a qu'une femme pour avoir ce genre d'inspiration. Quant aux autres fleurs, des roses et des pavots, elles étaient réparties avec une telle symétrie que cela a sûrement demandé du temps et du goût. Un homme serait arrivé avec ses fleurs et aurait tout étalé au petit bonheur.

– Je m'étonne que tu n'aies pas vu la veuve.

– Elle a dû venir très tôt.

– Même un jour comme aujourd'hui, avec tant de choses à faire auparavant? La dernière fois, il était plus tard quand nous l'avons rencontrée.

– Oui, mais les circonstances étaient différentes; aujourd'hui, jour d'affluence, elle n'a pas voulu qu'on la voie, c'est tout.

Rita a développé son explication, que j'ai trouvée plausible, puis a parlé de diverses autres tombes. Comment en sommes-nous venus de là au ministère et à Dona Césaria, je ne me le rappelle plus; mais nous en avons bavardé avec intérêt, et Rita avec esprit. Dona Césaria et Rita s'étaient rencontrées hier, Rita s'était excusée de n'être pas allée à la

* Au Brésil, avec plus de liberté encore que dans d'autres pays latins, le nom complet d'une personne pouvait réunir le nom (les noms) du père, celui (ceux) de la mère, d'un oncle, etc.

soirée du 28. Elle m'a rapporté un peu de ce que l'autre lui a dit sur deux personnes présentes ce soir-là.

– Présentes à la soirée?

– Oui.

Et elle s'est mise à me répéter une série d'anecdotes et de bons mots que j'ai écoutés attentivement pendant une dizaine de minutes. La médisance ne mérite vraiment pas sa mauvaise réputation. Un esprit futile ou vide, ou les deux à la fois, peut trouver là matière à s'employer. Et puis, si l'on risque de se tromper en voulant démontrer que son prochain ne vaut rien, ce n'est pas toujours le cas, et frapper juste une fois suffit à légitimer les autres tentatives. Telle est l'opinion que j'ai émise devant Rita sur le ton de la plaisanterie et qu'elle a réfutée en la mettant sur le compte de ma perversité.

9 novembre

La marine a fait délaisser, et peut-être complètement abandonner le paysage de jardin. Fidélia a accepté d'aller peindre la plage de Flamengo – avec ou sans Tristan, je ne sais. Aguiar, qui me l'a appris, s'est borné à me dire qu'elle s'était mise à sa toile avec beaucoup d'entrain.

– Allez la voir, Conseiller, entre une heure et deux heures.

11 novembre

C'est aujourd'hui, et non hier, que je suis allé voir la marine. J'ai trouvé Fidélia au jardin, à côté de la maison, pinceaux et palette en mains, debout, les yeux allant et venant de la mer à la toile. Assise non loin d'elle, avec son bon sourire maternel, Dona Carmo. Elle m'a vu arriver à la porte du jardin et d'un geste m'a invité à entrer, ce que j'ai fait.

– Venez, m'a-t-elle lancé, venez voir ma chère artiste.

Le mot a paru gêner Fidélia qui a posé son pinceau et m'a tendu la main en protestant :

– Non, ne regardez pas, c'est mauvais.

J'ai regardé, ce n'était pas mauvais. Ce n'est encore qu'une ébauche et ne sera jamais un chef-d'œuvre ; par courtoisie, je devais de toute façon trouver l'ébauche excellente, et le dire, mais réellement c'est assez bon. Ciel et montagne, à l'horizon, étaient bien rendus ; pour la mer, je crois qu'elle aura mouvement et couleur. Manquait Tristan ; je n'ai pas vu même l'ombre du "fils peint par la fille". Cette absence ne m'a pas étonné mais j'ai eu l'idée de soulever la question indirectement. J'ai dit qu'elle aurait pu, sur fond de plage, représenter son amie, qui justement la couvait d'un regard attendri. Et l'amie allait ajouter quelque chose lorsque Fidélia a répliqué :

– Non, je n'ai pas osé parce que je connais mal la technique du portrait ; au collège, je ne peignais que des fleurs et des paysages, un coin de mer ou de ciel. Sans cela, j'aurais déjà fait le portrait de Dona Carmo.

L'intéressée a confirmé :

– C'est ce qu'elle m'a déjà dit quand je lui ai demandé de faire figurer Tristan sur la toile.

J'ai accepté l'explication du refus, accepté la chaise libre qu'on m'offrait, et prié la veuve de continuer. Je voulais la voir à l'œuvre. En Europe, il m'est arrivé de regarder peindre des artistes hommes, mais c'est la première fois qu'une femme peignait devant moi. Fidélia, donc, a repris son pinceau et continué ; quelques instants plus tard, nous parlions tous trois, tranquillement, de choses et d'autres. La veuve montrait sa grâce habituelle, sans comédie, sans chercher à se mettre en valeur par son travail ; elle peignait avec modestie. Elle s'interrompait parfois, soit pour mieux écouter, soit pour parler un peu plus longuement et retournait aussitôt à son pinceau et à sa toile.

Au bout de quelques minutes, comme j'allais partir, qui ai-je vu apparaître à la porte de la maison ? Tristan en personne. La porte, large, donne sur un vestibule d'où l'on peut gagner l'étage supérieur par une montée d'escalier basse de plafond. Tristan, qui venait d'en terminer (je l'ai appris par la suite) avec des lettres qu'il devait encore poster, revenait prendre sa place auprès des dames. J'occupais la chaise qui avait été la sienne ; on en a fait apporter une autre. Détails sans intérêt, peut-être, mais qui me semblent avoir leur place ici pour deux raisons : ils soulignent le fait que Tristan était en compagnie des dames avant mon arrivée, et ils me rappellent qu'en attendant la chaise il m'a demandé mon sentiment sur la peinture ; j'ai répondu comme il convenait.

– N'est-ce pas ? s'est-il écrié, heureux que j'abonde dans son sens.

Et il a ajouté quelques éloges, chaleureux et à coup sûr sincères, que la veuve a dû naturellement apprécier à part soi ; elle ne les a pas repoussés mais n'a pas souri non plus comme on le fait lorsqu'on approuve un propos qui vous va droit au cœur. Elle les a écoutés sans cesser de peindre, reculant, se rapprochant de sa toile, fixant les lointains. Et lorsque enfin elle a regardé du côté de Tristan (qui venait de s'asseoir), elle n'a pas attendu qu'il se tourne aussi vers elle et lui rende son regard : un bref coup d'œil, et elle est revenue à sa marine, y travaillant avec autant d'application que si nous n'avions pas dit mot, et pourtant nous parlions beaucoup, sauf peut-être Tristan, trop attentif à la peinture.

Ce silence soudain de Fidélia, alors qu'elle avait si volontiers bavardé avec nous jusque-là, m'a paru indiquer qu'elle s'estimait en retard dans son travail. Peut-être aussi l'amour de son art la tenait-il maintenant plus fort qu'au début et la poussait-il à ne pas se laisser distraire. La raison secrète d'un acte échappe souvent aux regards les plus pénétrants, et à plus forte raison aux miens que l'âge a privés de leur acuité naturelle ; mais je crois qu'il devait s'agir d'une des deux raisons que j'ai indiquées, et pourquoi pas des deux successivement.

Qui se montrait ravie de tout, des paroles comme des silences, c'était la maîtresse de maison. Quoiqu'elle m'accordât son attention la plus directe, cela ne lui faisait pas oublier la toile et ses enfants. Elle contemplait la toile et parlait à ses enfants avec sa tendresse de toujours, que je suis fatigué de noter, mais qui était peut-être encore plus profonde qu'auparavant ; s'y ajoutait une sorte d'émoi, comme d'une âme qui découvre une félicité nouvelle, inattendue ; je n'en dis pas plus de peur de me tromper.

La vérité, c'est que de mon côté, alors que j'avais songé à partir, je suis resté, resté, jusqu'à ce que la veuve Noronha ait cessé de peindre. Une heure ou presque s'était écoulée. Se déclarant fatiguée, elle a rangé ses pinceaux, recouvert sa toile, aidée en cela par Tristan qui s'affairait avec la même grâce qu'elle, animé de ce désir de rendre service qui est l'âme de la politesse. Je n'avais pas à intervenir : sans parler de mon âge, la courtoisie me commandait de m'occuper de la chère Dona Carmo ; elle n'aidait ses enfants qu'en les suivant des yeux, mais c'était une belle aide. Ses regards allaient de l'un à l'autre, heureux – pas seulement heureux : interrogateurs, aussi. Les rangements terminés, les deux jeunes gens sont venus s'asseoir en face de nous, souriants ; mais l'un de ces visages était illuminé par le sourire, l'autre, effleuré seulement ; il exprimait pourtant, lui aussi, reconnaissance et sympathie.

Ma présence commençait à se faire longue et, si amicales que soient nos relations, elle risquait de devenir indiscrète. Il était temps que je parte. Quelques instants, j'ai été tiraillé entre des aspirations contraires ; je voulais l'impossible : à la fois rester et partir. Tristan aurait pu faire cesser ce combat intérieur en chantant quelque chose et m'obligeant ainsi à l'écouter, mais il était trop occupé à dire des gentillesses à l'artiste, à la veuve, à la sœur, aux trois personnes consubstantiellement unies dans la même créature enchanteresse. Fidélia souriait, discrète, attentive, et ne laissait pas de répondre. Quand j'ai pris congé, il m'a semblé (sauf erreur) que Dona Carmo n'était pas fâchée de mon départ qui lui permettait d'être toute à ses enfants. Il n'en est pas moins vrai que tous trois m'ont témoigné une considération, une courtoisie parfaites. Sur le chemin du retour, je n'ai cessé de penser à eux.

12 novembre

J'ai eu tort de ne pas noter hier toutes les impressions rapportées de ma visite. Je crois Tristan amoureux de Fidélia. De mon temps on disait *mordu*; c'était plus énergique mais moins délicat et n'avait pas cette note de spiritualité de l'autre expression, d'ailleurs classique. "Amourette" est trivial, évoque un divertissement d'individus légers et sensuels; "amoureux", en revanche, est charmant; le mot fait penser aux "cours d'amour", aux chevaliers de jadis qui se battaient pour l'amour de leur Dame. Autres temps…

Oui, j'ai l'impression que Tristan est amoureux de la veuve, ou commence à l'être. Une autre impression, que j'ai également passée sous silence, c'est que sa marraine paraît s'en être aperçue, elle aussi, et qu'elle en est quelque peu troublée. Quand j'irai là-bas désormais, il me faudra aiguiser ce que j'ai de sagacité pour voir si ma double impression se vérifie ou si les faits la démentent. Je peux m'être trompé, mais aussi avoir vu juste.

Aujourd'hui, comme je ne sors pas, je vais broder sur ce thème. Cela satisfera le besoin que j'ai de m'entretenir avec moi-même, puisque je ne peux le faire avec d'autres. C'est là mon mal. Mon caractère et la façon dont j'ai vécu m'ont donné le goût et l'habitude de communiquer. La diplomatie m'a appris à supporter patiemment une foule d'individus insupportables que notre bas monde, dans ses desseins impénétrables, laisse proliférer. La retraite m'a rendu à moi-même ; mais il y a des jours où, restant chez moi et fatigué de lire, j'ai besoin de parler ; alors, faute de pouvoir le faire, j'écris.

13 novembre

Aguiar s'est approché et m'a dit :

– Je sais que vous appréciez la marine.

– Oui, beaucoup. Le travail a avancé ?

– Régulièrement.

– L'artiste n'a pas fait de pause ?

– Non, elle va là-bas tous les jours et peint avec tout son cœur.

– Tout son cœur ? C'est là son fort. Je ne sais si je vous ai déjà dit ce qui me ravit dans l'affection qu'elle vous témoigne à tous les deux, et surtout à Dona Carmo : c'est la petite touche de gracieuse soumission qu'elle y met, comme s'il s'agissait d'une affection vraiment filiale ; et aussi le soin scrupuleux – et discret – avec lequel elle satisfait tous les désirs exprimés par ses parents de cœur.

– Vous parlez d'or, Conseiller.

C'est au Trésor que nous bavardions ainsi ; nous y étions venus pour affaires et nous en sommes partis à pied en direction du Rocio avec l'intention de prendre le tram ; mais nous n'avons pris aucun moyen de transport, si ce n'est le meilleur : la conversation. Elle est de ceux qui vous font avancer silencieusement, vite et sans secousses. En descendant la rue, donc, nous avons poursuivi sur le même thème et dit des choses intéressantes ; moi du moins car, pour Aguiar, s'il était parfois tout yeux et tout oreilles, il ouvrait peu la bouche. Il n'écoutait d'ailleurs qu'irrégulièrement, tantôt attentif, tantôt non ; et dans ce dernier cas, il restait bien tout yeux, mais le regard si lointain qu'il en oubliait la rue et son compagnon.

Une de ses confidences mérite pourtant d'être notée. Pour abonder dans mon sens au sujet de la charmante soumission de la veuve, il m'a raconté que Dona Carmo et elle avaient l'habitude d'aller à la messe du dimanche à l'église de la Gloria ; la veuve raccompagnait ensuite son amie à Flamengo et, si elle n'y déjeunait pas, regagnait aussitôt Botafogo.

– Carmo, pour ne pas l'obliger à faire autant de chemin, écoutait de temps en temps la messe à Botafogo, mais Fidélia choisissait presque toujours de se déplacer jusqu'à la Gloria.

– Et elle n'y va plus ?

– C'est Carmo qui ne va plus nulle part, ou rarement. Ma pauvre femme est bien fatiguée. Elle a son missel à la maison, avec ses prières marquées. Le dimanche, à l'heure habituelle, elle se prépare, prend son livre et lit sa messe d'un bout à l'autre. De mon côté, comme je connais l'heure, je ne la dérange pas ; s'il m'arrive par mégarde de pousser la porte de la pièce où elle a son petit autel et son crucifix, je recule à temps et elle ne lève pas les yeux de sa page, comme si personne n'était entré. À la fin, elle baise le crucifix et revient sur terre. Même baiser, toujours, avant de quitter la maison, comme pour demander protection, et à nouveau en rentrant, encore habillée et en chapeau, comme pour rendre grâce. Même chose encore à son coucher et à son lever.

Aguiar a continué à évoquer d'autres petites habitudes de Dona Carmo en son ménage. Détails qu'on pourrait trouver sans intérêt, mais que j'ai écoutés avec plaisir : j'ai l'âme ainsi faite que j'attache du prix à un détail même minime, s'il révèle du vrai. Je n'irais le dire en face à personne mais à toi, mon cher papier, à toi qui m'accueilles avec patience et parfois avec plaisir, je le dis et au besoin le redirai, dût-il m'en coûter – et en fait il ne m'en coûte point. Je crois que d'autres dames suivent la messe chez elles, dans leur missel, pour cause de fatigue ou de maladie, ou d'averse, et qu'il y a toujours matière à louange chez toute personne qui remplit ses devoirs spirituels. Seul me déplaît qui les observe pour se faire valoir, comme on met un collier pour se parer. Ce qui n'est pas le cas de la bonne dame de Flamengo. Elle ne prie pas pour elle seule mais à l'intention de ses parents défunts, des amis dont elle regrette l'absence et (bien que je sois fatigué de le répéter) des deux enfants adoptifs qu'elle chérit.

20 novembre

Je suis déjà allé là-bas à trois reprises. J'y ai toujours trouvé Dona Carmo, Fidélia et Tristan. La troisième fois, Aguiar est rentré plus tôt que d'habitude et a vu donner les derniers coups de pinceau.

Oui, je persiste à le penser : le garçon admire moins la toile que l'artiste, ou plus l'artiste que la toile, comme on voudra. Dans un cas comme dans l'autre, il ne fait plus de doute désormais qu'il est amoureux. Il en est arrivé au point d'oublier notre présence et de rester là, captivé par la belle, enivré de sa présence et comme ravi par elle. Quant à moi, avec l'habileté que je tiens du diable, je partage mon attention entre la mère et les deux enfants pour concilier courtoisie et curiosité, et ni l'une ni l'autre n'y perd.

Quand j'ai noté il y a quelque temps (et à deux ou trois reprises) : "Fidélia fuit quelque chose, et peut-être est-ce elle-même qu'elle fuit", j'avais en tête la distance qu'elle semblait prendre avec la maison de Flamengo, où elle n'allait plus voir son amie. Et voilà qu'elle y revient et qu'elle n'évite pas de s'y trouver avec le frère que Dona Carmo lui a donné. Ou bien elle ne cherche pas à le fuir, ou bien – ce qui serait plus sérieux – elle ne cherche plus à se fuir elle-même. Je ne vois pas encore bien clair dans cette affaire; faisons-lui plutôt confiance.

30 novembre

Tristan m'a invité à monter demain avec lui aux Paineiras, aux Kapokiers*; j'ai accepté, j'irai.

Voilà dix jours que je n'écris plus rien. Ce n'est ni maladie, ni ennui d'aucune sorte, ni paresse. Encore moins faute de matière, bien au contraire, puisque j'ai beaucoup appris dans cet intervalle. Tristan a reçu de nouvelles lettres le rappelant en Europe, sans trop d'insistance il est vrai, mais certaines élections sont pour bientôt. Tristan a décidé de ne pas partir tout de suite, pas avant la fin de l'année, mais le départ lui-même est inévitable. Telles sont les informations qu'on m'a fournies à Flamengo et ailleurs. Ailleurs, je les ai reçues de la bouche de la gracieuse Césaria, qui m'a dit d'un ton mélancolique:

– Il aime Fidélia, mais il est clair qu'il préfère la politique.

Sa mélancolie, je l'appellerai celle du plaisir masqué; on peut trouver d'autres formules, pourvu qu'elles fassent penser à un certain contentement qu'on se voit obligé de déguiser en tristesse. La remarque de Césaria impliquait une sorte de condamnation de Tristan, mais en apparence

* Les *Paineiras* (du nom de l'abre majestueux dont on tire le kapok): lieudit situé aux flancs de la montagne du Corcovado, agréable belvédère sur la ville, près de la source du rio Carioca.

seulement : en fait, elle traduisait le plaisir éprouvé à voir Fidélia délaissée. Pour bien cacher son jeu, Césaria a dit tout le mal qu'elle pense de Tristan, ce qui n'est pas peu. Elle était égale à elle-même : charme, compliments subtils, élégance des manières. J'ai ri, de mon air le plus naturel, en lui opposant seulement quelques mots de protestation et du silence. En moi-même, j'ai trouvé son opinion injuste, mais peut-être l'idée que je me fais du jeune homme doit-elle beaucoup à l'affection que je lui porte. Affection qui va croissant à mesure que je découvre et vérifie l'étendue de ses dons, et aussi, bien sûr, en réponse à l'affection qu'il a pour moi, ou paraît avoir. Quoi qu'il en soit, je dois avouer que je ne l'ai que faiblement défendu, cependant que la gracieuse créature évoquait mon bon goût, l'équilibre de mon jugement, la longue connaissance que j'ai du cœur humain... Les plus belles qualités du monde.

1er décembre

Je reviens éberlué des hauteurs des Paineiras, où je suis monté avec Tristan. Vers la fin du déjeuner, à notre table dominant la ville et la mer, qu'ai-je entendu de sa bouche ? Ni plus ni moins que la confidence de l'amour qu'il dédie à la belle Fidélia. Qu'"il dédie" : je cite ses propres termes. Le verbe manque d'énergie, mais peut-être pas d'élégance, et l'emploi qu'en fait Tristan est conforme au sens général. On dédie les thèses universitaires à ses parents, à d'autres membres de la famille, à des amis ; l'amour est une thèse dédiée à un être unique.

La confession ne m'a rien appris, mais qu'il me l'ait faite m'a abasourdi, et je pense qu'il s'en est aperçu. Je n'ai pas répondu tout de suite, sinon par un geste d'approbation, ce qui est de rigueur en pareil cas où l'on ne doit jamais mettre en doute la pertinence du choix de l'élue, bien au contraire.

– Je n'en ai rien dit à personne, Conseiller, même pas à ma marraine, même pas à mon parrain. Si je vous en parle ici, c'est que je n'ose pas leur en parler à eux et que je n'ai personne d'autre à qui le faire. Je me serais bien confié à votre sœur si je n'avais craint d'être importun : malgré nos excellents rapports, je ne me sens pas aussi libre avec elle qu'avec vous. Pensez-vous que mon cœur ait bien choisi ?

– Question superflue, Docteur ; il suffit d'aimer pour que le choix soit bon. Aimât-on le diable, que le choix serait toujours bon.

– C'est ce qu'on dit toujours, je le sais ; mais dans le cas particulier de cette dame, ne la trouvez-vous pas digne d'admiration ?

– Si fait.

– C'est aussi ma conviction ; mis à part tout aveuglement passionnel, je vois clairement qu'avec elle j'ai choisi la perfection. Vous et moi avons déjà eu l'occasion de parler d'elle et nos jugements ont concordé. C'est même là, savez-vous, ce qui m'a décidé à me confier à vous aujourd'hui. Vous vous rappelez le jour, pas si lointain, où j'ai déjeuné chez vous ? Nous étions tombés d'accord pour lui trouver toutes les qualité morales et physiques, et c'est parce que j'ai compris que vous m'approuviez que je me suis résolu à vous consulter sur mon sentiment et ses effets.

– La réponse avait précédé la question, comme on dit, et il n'y a pas matière à une nouvelle consultation.

– Si, car je ne vous ai pas encore tout dit.

– Alors allez-y. Je suis tout prêt à vous entendre et vous me trouverez aussi compréhensif que si j'étais moi-même un jeune homme. L'aimez-vous depuis longtemps ?

– Cela a commencé dès le jour de mon arrivée.

– Je ne m'en suis pas aperçu.

– Elle non plus, et moi non plus. J'ai bien senti que je lui trouvais *quelque chose*, mais son austérité de veuve et la pensée que j'allais repartir m'ont empêché de voir clair en moi. Il pouvait s'agir d'une de ces inclinations qu'on a pour telle ou telle femme, sans la moindre intention, ni peut-être la moindre possibilité, de l'associer à notre vie. Outre ce quelque chose, il y avait le plaisir de lui parler, de lui faire part de ce que je pensais, de ce que j'observais. Toutes nos conversations étaient intéressantes. Tout son comportement, cette façon qu'elle a d'exprimer son accord doucement, en silence, tout me séduisait. Jusqu'au jour où j'en suis arrivé à penser à elle avec une telle force que j'ai commencé à comprendre. Vous vous souvenez de ma décision d'aller à Santa-Pia avec elle et son oncle ?

– Bien sûr.

– Je supportais mal, déjà, la pensée de rester ici sans elle, peut-être pour longtemps ; et puis j'espérais qu'à la campagne, plus souvent seul avec elle, je pourrais lui faire sentir tout ce qui m'oppressait, et la disposer à m'écouter. Vaine résolution : elle n'est pas partie et j'ai dû accompagner seul le Conseiller ; je suis revenu assez vite…

– Je me rappelle.

Le regard perdu au loin, tout en bas, Tristan n'a pas achevé sa phrase. Un garçon est venu nous servir le café, cependant que deux grands oiseaux noirs fendaient l'air à notre hauteur, l'un derrière l'autre. Ce pouvait être un couple, lui la poursuivant, elle qui se dérobait. Alors, pour le faire sourire un peu, j'ai avancé l'idée que la belle Fidélia pouvait faire comme l'oiseau : fuir, et l'aimer pourtant, peut-être. Il n'a rien dit, ni oui ni non, mais tout son visage répondait par la négative, si bien que, pour relancer la confidence, je lui ai demandé :

– Qu'est-ce qui vous fait penser que non, Docteur?

La curiosité me poussant, je devenais indiscret, et peut-être incorrect. La curiosité? Pas seulement. Un mouvement plus vif, également. S'il est commun d'entendre un jeune homme parler de ses amours, de voir des veuves quitter le veuvage et d'autres s'y vouer, le cas présent m'intéressait particulièrement étant donné les personnes concernées. Je me rappelais Rita pariant que Fidélia ne se remarierait pas, ne se remarierait jamais. La situation des deux jeunes gens, la vie qui appelle Tristan loin d'ici, le mort qui rend Fidélia prisonnière de ce pays et de ses souvenirs, tout rendait passionnante pour moi leur aventure; sans compter qu'à côté de tous ces obstacles à leur union, je voyais fort bien, personnellement, ce qui la favorise.

Tristan ne s'est pas fait longtemps prier pour raconter ses illusions et ses désillusions. Il lui en a un peu coûté au début mais, le premier exemple fourni, les autres ont suivi et je n'ai pas tardé à savoir quelles apparences avaient nourri ses espérances, et quelles désillusions les avaient ruinées. Actuellement, il n'envisage vraiment que le pire.

Je ne lui ai pas expliqué pourquoi je voyais les choses autrement: mes raisons peuvent être trompeuses. Je ne lui ai pas dit non plus que, selon moi, ses parrain et marraine se doutent de quelque chose: ils peuvent se tromper tout comme moi. Au reste – et c'est là l'essentiel –, en m'avançant, je serais sorti de mon rôle de confident sérieux, qui seul me convient. Il est déjà bien assez que notre conversation l'ait fait sortir de sa réserve, et moi aussi. Nos cigares finis, nous étions presque comme deux étudiants de première année parlant de leur premier amour, encore qu'avec quelques différences de style…

Nous sommes redescendus; en chemin, il m'a paru regretter de s'être confié, ou en éprouver de la gêne; il a changé de sujet, nous n'avons plus parlé de questions personnelles mais du train et de la route, de la forêt et du morne, enfin, à l'arrivée en ville, un peu de la politique de nos deux pays.

2 décembre

Une remarque. Comment se fait-il que Tristan ait été si franc hier et si prudent le jour du Largo São Francisco, quand je l'ai surpris comme enivré de la vue de Fidélia montant en voiture ? "Quel grand talent !" s'était-il écrié, comme si un talent de pianiste se révélait dans les plis d'une jupe. Or, dès cette époque il l'aimait, puisqu'il en est tombé amoureux peu après son arrivée. Mais sa passion n'a pris toute sa force que ces temps-ci, voilà ce qui explique son comportement ; la confiance qu'il m'accorde a fait le reste. Il n'a plus pu se retenir de parler, voilà tout.

3 décembre

Aires, mon ami, avoue qu'à entendre Tristan se plaindre de ne pas être aimé, tu as éprouvé une sorte de satisfaction, qui d'ailleurs a été brève et sans lendemain. Tu ne veux pas la belle pour toi, mais ce n'est pas sans quelque pincement au cœur que tu la découvrirais amoureuse de lui ; explique cela si tu peux mais tu ne le peux pas. Et sans tarder rentre en toi-même, reconnais qu'aucune loi divine n'interdit qu'ils soient heureux ensemble si tous deux le désirent. Mais il faut qu'elle l'aime, et elle semble ne pas l'aimer.

5 décembre

La marine est presque achevée. Rita est revenue enchantée de la toile, de son auteur et de son futur possesseur – car

Fidélia en a fait présent à Dona Carmo. À Flamengo, ma sœur n'a trouvé ni Tristan ni Aguiar, rien que les deux amies avec qui elle a bavardé longuement ; puis la veuve a pris congé, bien que priée à dîner ; elle a dit devoir rentrer à Botafogo et est partie avant la tombée de la nuit.

Rita, elle, est restée, et c'est heureux car elle a recueilli de la bouche de Dona Carmo la nouvelle de l'amour de Tristan, plus une information qui rejoint ce que j'ai écrit ici ces derniers jours : ce n'est rien de moins que le désir de Dona Carmo de voir les deux jeunes gens se marier.

– Je vous le dis à vous, a déclaré Dona Carmo, et vous demande de ne le répéter à personne : je souhaite les voir mariés, aussi bien parce qu'ils sont dignes l'un de l'autre qu'en raison de l'affection que je leur porte et qu'ils me rendent.

Rita a trouvé qu'elle disait vrai mais a pensé que ce mariage serait pour elle un moyen de retenir son fils au Brésil. Ma sœur est de ces personnes qui ne peuvent garder pour elles ce qu'elles pensent, et a aussitôt fait part de sa réflexion à Dona Carmo, laquelle a eu un sourire qui a paru à Rita un acquiescement. Quand elle m'en a parlé, j'ai été de son avis mais, pour distiller mon habituelle goutte de fiel, j'ai ajouté :

– La dernière raison pourrait bien être la principale, voire la seule.

Rita a protesté : la seule, non, vraiment, cela ne se pouvait. Par malignité, je me suis amusé à maintenir mon point de vue, tout en reconnaissant à part moi que j'étais d'accord avec elle. Les trois raisons pouvaient fort bien se combiner chez Dona Carmo, la dernière devant, tout au plus, renforcer les deux autres. Rien de plus naturel : la vieille dame est sur le point de perdre son fils adoptif, qui retourne au Portugal ; quant à sa fille, elle peut un jour aimer un autre homme, l'épouser, et donc, tout en restant au Brésil, suivre une autre famille. Tandis qu'unis ici, heureux ici, elle les tiendrait comme serrés sur son cœur, et ils l'aideraient à mourir. Voilà ce que j'ai pensé sur le moment, ce que je continue à penser et que j'ai d'ailleurs confié à ma sœur :

– Ce que je t'ai dit il y a un instant n'était pas sérieux ; je pense que tu as raison. Et crois-tu que le souhait de Dona Carmo se réalise ?

– Je n'en sais rien, mais cela me paraît désormais difficile, et voici pourquoi. Tristan et Aguiar sont arrivés peu avant l'heure du dîner. Nous nous sommes mis à table. Aguiar a demandé où en était la toile, il a écouté avec intérêt ce que Dona Carmo lui a répondu, tous deux, m'a-t-il semblé, jetant çà et là un regard de côté à Tristan qui ne disait rien, qui paraissait même ne pas prêter attention à la conversation.

– Peut-être feignait-il…

– À la fin du dîner, avant le café, Tristan a annoncé à son parrain et à sa marraine qu'il allait peut-être partir avant la fin de l'année.

– Avant ?

– Avant.

– Et ils l'ignoraient jusque-là ?

– Il semble bien, car ils sont restés consternés, et le dîner s'est achevé tristement.

– Mais comment se fait-il que Tristan ne se soit pas confié à son parrain, puisqu'ils étaient revenus ensemble de la ville ?

– Ils n'étaient pas arrivés ensemble, Tristan est arrivé après Aguiar ; nous pensions même qu'il ne dînerait pas à la maison. Tout s'est déroulé comme je te l'ai dit. Ainsi, il a fini par annoncer son départ ; une lettre arrivée en retard, a-t-il dit… Mais il ne l'a pas montrée ; peut-être l'aura-t-il fait après que je me suis retirée.

J'ai expliqué à Rita ce que j'en pensais :

– Vois-tu, ma chère sœur, il se pourrait bien qu'il n'y ait pas la moindre lettre : il fuit la veuve, il n'espère plus rien et préfère partir le plus tôt possible. Rien que cette façon de rentrer tard à la maison indique qu'il veut éviter de la rencontrer. Voilà la vérité. Et les deux vieux, de leur côté, n'ont pas essayé de le faire revenir sur sa décision ?

– Ils sont d'abord restés silencieux : ils étaient anéantis. Puis Aguiar a murmuré quelques mots à Dona Carmo qui a approuvé, mais d'un signe seulement ; dans sa tristesse, et pour ne pas me négliger, elle m'a parlé ; je lui ai répondu en lui pressant la main, j'avais réellement pitié d'elle. Sais-tu que j'ai même osé demander au garçon de rester plus longtemps. Il m'a remerciée de mon intervention avec un sourire triste mais en assurant que c'était impossible : on insiste fortement pour qu'il rentre.

– Bon, ai-je dit en souriant à Rita, tu viens de me montrer que tu as partagé la peine de Dona Carmo, mais tu oublies, en ce mois de décembre, le pari que tu as fait avec moi en janvier dernier. Ne te souvient-il pas de ce que tu m'as dit au cimetière ? N'as-tu pas parié que la veuve Noronha ne se remarierait pas ? Et comment as-tu pu demander aujourd'hui à Tristan de rester, en pensant bien qu'ainsi il se marierait avec elle ?

J'ai conclu mon interrogation en lui prenant le menton pour lui faire lever la tête vers moi qui étais debout. Elle a reconnu la contradiction et s'en est expliquée. Avant tout, elle avait songé à éviter du chagrin à son amie. Si Tristan retardait son départ, cela ferait toujours pour elle quelques jours ou quelques semaines de plus à passer avec son filleul. Mais par ailleurs, bien sûr, il n'était pas exclu que Fidélia, sur le conseil des Aguiar, finisse par épouser Tristan ; les circonstances, alors, seraient différentes.

– Donc j'avais raison, début janvier ?
– Pas entièrement, mais tout est possible en ce monde.
– En ce monde et dans l'autre.

J'ai eu envie de clore la conversation en lui faisant remarquer que Dona Carmo l'avait priée de ne révéler à personne la pensée secrète qu'elle lui confiait et que malgré cela, elle, Rita, venait de tout me répéter ; mais je n'ai pas eu le cœur de me moquer d'elle, même sans méchanceté, de frère à sœur. Cela aurait pu la blesser et elle ne le mérite pas, bonne comme elle l'est.

En somme, il se peut que ce soit Rita qui ait eu raison, au cimetière. Si la veuve Noronha se fuit elle-même, comme je l'ai écrit récemment, c'est qu'elle a peur de faiblir et préfère l'état de veuve.

10 décembre

Fidélia sait désormais que Tristan a décidé de partir le 24. C'est lui-même qui le lui a annoncé, chez elle.

15 décembre

Si j'étais sûr de pouvoir les marier, je le ferais, quoiqu'il m'en coûte de le reconnaître – et, pour être exact, il ne m'en coûte pas trop. Solitaire comme je suis, entre mes quatre murs, mes soixante-trois ans ne répugnent pas à l'idée de remplir la fonction ecclésiastique. *Ego conjugo vos...*

Je réagis ainsi parce que je vois la tristesse des parents à mesure qu'on approche du 24. Dona Carmo a imploré Tristan : pourquoi ne remettrait-il pas son voyage au 9 janvier ? Ce serait quinze jours de plus qu'il leur donnerait. Il a répondu qu'il ne pouvait pas. Quelque peu incrédule, je lui ai demandé s'il avait déjà pris son billet ; il nous a dit qu'il allait le prendre demain. Je le soupçonne d'espérer qu'il n'y aura plus de cabine libre, ce qui serait un cas de force majeure l'obligeant à différer son voyage. Je ne le lui ai pas dit, mais on peut s'attendre à tout avec les hommes, et en particulier avec les amoureux.

C'est hier que nous avons parlé de ce départ, Dona Carmo, Tristan et moi ; Aguiar était présent mais n'a pas soufflé mot. Au bout d'un moment sont arrivés le Conseiller et sa nièce ; ils étaient allés faire une visite au président du Tribunal mais, à peine sortis, Fidélia avait proposé à son oncle de venir passer la soirée à Flamengo ; ce qu'ils avaient fait, sur les neuf heures.

Tout ce qui s'est passé entre neuf et dix mériterait ici trois ou quatre pages si je n'avais une crampe à la main. Pages qui seraient de conjectures, parce que les deux jeunes gens se sont à peine parlé, mais conjectures confirmées par l'émotion qui visiblement les étreignait l'un et l'autre, aussi bien que par les silences de Fidélia, coupés seulement par les attentions qu'elle prodiguait à Dona Carmo. Peu à peu nous, les hommes, avons parlé surtout entre nous. Campos a proposé une partie de cartes, sans succès. Aguiar s'apprêtait bien à accepter, du bout des lèvres, mais Tristan a allégué une migraine et des douleurs dans le dos ; il est vrai qu'il était resté courbé en deux toute la matinée à mettre en ordre un tas de vieilleries. Ma crampe à la main est, elle aussi, une séquelle de la fatigue d'hier. Nous sommes restés à bavarder jusqu'à ce que les deux visiteurs s'en aillent, et moi avec eux.

20 décembre

Il est arrivé ce que j'avais prévu : Tristan n'a pas eu de place sur le bateau du 24. Ce n'est pas tout : alors qu'il serait naturel qu'il prenne son billet dès maintenant pour éviter la même situation, il n'a rien pris du tout. Je le tiens de sa bouche: lorsque je lui ai demandé s'il avait déjà fait le nécessaire, il m'a répondu que non, que cela ne pressait pas. Je suppose, dans ces conditions, que si rien ne presse et qu'il n'obtienne pas de billet, à défaut de rester par amour pour la veuve, il pourra le faire pour accéder aux prières de ses vieux parents, et ce serait toujours deux ou trois semaines gagnées. Les vieux parents ne seront qu'un prétexte mais, de même qu'il y a de faux enfants, on peut se donner de fausses raisons.

22 décembre

La vraie raison – ou une des vraies – se trouvait aujourd'hui à Flamengo, occupée à mettre la dernière main à sa marine. Tristan était là lui aussi, et tous deux étaient saisis de la même émotion esthétique à la vue de l'autre. Lui admirait moins la toile que celle qui la peignait, elle moins le paysage que son admirateur. Et moi je les contemplais de tous mes yeux, ces yeux que la froide terre va dévorer.

Dona Carmo m'accordait l'attention exigée par la courtoisie mais pas plus. Elle regardait sans cesse du côté de ses deux enfants, guettant un signe, prête, si besoin était, à les encourager. Mais déjà il n'était plus besoin. L'un et l'autre oubliaient notre présence et se laissaient emporter par cette musique intérieure dont elle, du moins, avait déjà connu la douceur.

En observant le comportement de la jeune femme, je me suis rappelé ce qu'on m'a dit la semaine passée de l'intention qu'elle avait eue d'aller passer l'été dans sa propriété de Santa-Pia, qui n'est pas encore vendue. Vivre au milieu de ses affranchis ne l'aurait pas gênée si elle avait eu quelqu'un pour lui tenir compagnie. Plus récemment, elle avait songé à monter à Pétropolis, mais là, il est probable que Tristan l'eût suivie, alors qu'elle voulait le fuir, j'en suis persuadé. Je suis également persuadé qu'elle a été sincère dans l'un et l'autre cas. Fidélia a entendu un autre cœur frapper à la porte du sien, qu'elle a eu des velléités de verrouiller. Je dis bien : des velléités, c'est-à-dire des mouvements qui ne s'imposent pas à l'intéressée, qui n'emportent pas sa décision. L'intéressée veut une chose et veut son contraire, cependant que le sentiment, s'il n'est pas déjà le plus fort, prend tous les jours plus de force.

Une autre impression que je rapporte de Flamengo, c'est que Dona Carmo, comme une fois déjà, m'a vu partir avec soulagement : elle allait pouvoir être seule avec *eux*. Elle ne leur aura rien dit avec des mots, mais tout ce que sans mots l'âme peut exprimer, elle l'aura exprimé. Il aura fallu à la bonne dame toute la retenue qui est la sienne pour ne pas les serrer dans ses bras en s'écriant : "Aimez-vous, mes enfants !"

28 décembre

J'ai rencontré Tristan aujourd'hui et il ne m'a rien appris, sinon qu'il avait reçu de Lisbonne des lettres de ses amis politiques, ainsi que de son père et de sa mère. Sa mère déclare que s'il tarde encore, elle viendra revoir sa terre natale. Il m'a donné aussi des nouvelles de ses autres parents – ceux d'ici – mais sans un mot sur la jeune veuve.

1889

2 janvier

ENFIN, ILS S'AIMENT. La veuve l'a fui, elle s'est fuie elle-même autant qu'elle a pu, mais désormais elle ne le peut plus. Elle paraît maintenant toute à lui, elle rit avec lui, et elle pleurera sur lui le 9 si un geste de lui ne vient pas tarir la source de ses larmes. Ils se voient maintenant tous les jours, dînent souvent ensemble ; Dona Carmo accompagne parfois son fils adoptif à Botafogo, ou bien Aguiar va les chercher.

Se sont-ils déjà formellement déclarés, je l'ignore ; je pense qu'il n'a pas encore eu le temps, ou le courage, de lui dire à elle ce qu'elle a lu dans ses yeux, mais cela ne saurait tarder. Ce que j'avance ici, je ne le tire pas de mes seules conjectures mais aussi de ce que j'ai observé, à commencer par la joie qui illumine le visage des Aguiar. Ma sœur, elle, n'a pas encore mis le nez dehors ; je suis allé dîner chez elle pour le Nouvel An, mais nous n'avons parlé de rien.

7 janvier

Tristan ne part plus le 9, pour une raison qu'il ne m'a pas dite, et que je ne lui ai pas demandée. Il m'a seulement dit qu'il ne partait pas. Il allait poster les lettres qu'il avait écrites à Lisbonne.

9 janvier

Deuxième anniversaire de mon retour définitif à Rio. Je n'ai pas entendu ce matin les mêmes cris des rues que les deux années précédentes. Cette fois, je me suis rappelé la date sans aide extérieure, elle m'est revenue naturellement à l'esprit. J'ai attendu la visite de ma sœur et sa proposition de nous rendre au cimetière. Elle n'est pas venue (j'écris à quatre heures de l'après-midi), soit qu'elle ait oublié, soit que le rite ne lui paraisse pas s'imposer chaque année.

Qui sait si nous n'y trouverions pas la veuve Noronha sur la tombe de son mari, mains jointes, en prières, comme l'année passée ? Si je me trouvais, aujourd'hui encore, dans les dispositions d'esprit qui m'ont fait parier avec ma sœur sur son remariage, une telle présence et une telle attitude me seraient peut-être agréables. Je verrais en elle le signe qu'elle n'aime pas Tristan et, faute de pouvoir l'épouser moi-même, je préférerais la voir aimer le défunt. Mais non, la vérité est tout autre, elle est ce que je vais dire.

Même si je la voyais au même endroit, dans la même posture, cela ne me ferait pas douter de l'amour que Tristan lui inspire. Tout pourrait coexister dans le même cœur sans que la veuve soit hypocrite, ni infidèle la future épouse. Se manifesteraient seulement là les exigences opposées et complémentaires de l'individu et de l'espèce. Le souvenir du défunt est vivant en cette femme, ce qui n'empêche pas qu'elle entende l'appel du prétendant ; il est vivant, ce souvenir, et porte en lui toutes les douceurs, toutes les mélancolies d'autrefois, et le secret des premiers émois d'un cœur qui a appris à battre avec celui qui n'est plus. Mais cet amour défunt, le génie de l'espèce le fait revivre pour elle sous de nouveaux traits, et c'est sous ces traits nouveaux qu'aujourd'hui il le lui fait retrouver et qu'il la pousse à l'accueillir. Aussi longtemps qu'elle a pu le fuir, elle l'a fui, je l'ai déjà écrit et je le répète ici pour ne jamais l'oublier.

12 janvier

Demain (13), on fête l'anniversaire de la belle Fidélia. Telle est la raison qui a conduit Tristan à repousser son voyage du 9 à une date ultérieure qu'il n'a pas encore arrêtée. C'est ainsi, du moins, qu'il a expliqué sa décision lorsqu'il en a informé son parrain et sa marraine, qui naturellement l'ont approuvé avec joie ; c'est aussi ce qu'il m'a confié aujourd'hui quand je l'ai rencontré en ville, où il cherchait un cadeau pour la veuve. Je ne lui ai pas trouvé l'accent de la conviction. La vraie raison doit être autre.

13 janvier

Avant de me mettre au lit, je veux noter ce que tout à l'heure (il était minuit) j'ai entendu dire à la piquante Césaria. Je revenais avec elle et son mari de chez le Conseiller où nous étions allés prendre le thé avec la charmante veuve. Il y avait là tous ses amis, sauf Rita qui avait envoyé une carte de félicitations ; elle doit être souffrante.

Je ne désire pas noter le propos de Dona Césaria pour sa véracité, mais pour sa malignité. Cette femme ne serait pas intéressante si elle n'avait pas de fiel ; mais je lui en ai toujours connu, et c'est un régal. Ou bien elle savait déjà que la veuve aime Tristan, ou bien elle l'a remarqué ce soir. Quoi qu'il en soit, elle m'a déclaré que Tristan ne retournerait pas de sitôt à Lisbonne. Sur quoi je lui ai exprimé mon accord :

– Oui, il semble qu'il lui en coûte beaucoup de laisser ses parrain et marraine.

– Parrain et marraine ? a-t-elle répliqué en riant. Allons, donc, Conseiller ! Soyez sûr qu'il entend par là les yeux de la veuve, qui sont de bien piètres parrains. Il est vrai que la dame ne manque pas d'eau bénite pour le baptême.

Ne comprenant pas, je lui ai demandé de quelle eau bénite il s'agissait, et de quel baptême. Le mari, avec son aigreur habituelle, m'a répondu que l'eau bénite, c'était l'argent, et il a ri lourdement en se frottant le pouce contre l'index. J'en ai conclu qu'ils prêtaient au jeune homme un attachement intéressé.

J'ai eu envie de faire remarquer à cette dame que son propos actuel était en contradiction avec un autre que je lui avais entendu tenir. Je lui ai entendu affirmer, en effet (et je crois l'avoir consigné dans ce Mémorial), que Tristan préférait la politique à la veuve, ce pourquoi il la quittait. Mais je ne lui ai pas rafraîchi la mémoire, pour deux raisons : la première, parce que cela n'aurait servi à rien et pourrait même affecter nos bonnes relations ; la seconde, c'est que je ne m'en serais pas pris, en fait, aux opinions de la dame, mais à son être même. Dona Césaria pense réellement le mal qu'elle dit. Elle ne se contredit qu'en apparence : les deux médisances opposées ont la même source unique, profonde, la haine qu'elle voue à Fidélia. Qu'elle la prétende abandonnée pour la politique ou recherchée pour son argent, peu importe, pourvu qu'elle soit rabaissée. Je n'ai pas réagi pour une autre raison encore : le style de ses médisances. Dona Césaria n'use que de termes relativement modérés et honnêtes, le venin, l'intention de nuire restant tout au fond, dissimulés. Et elle est si spirituelle, parfois, qu'on regrette que ce qu'elle dit ne soit pas vrai, et qu'on lui pardonne volontiers.

Tout cela considéré, et compte tenu de l'heure qu'il était, des quelques pas à faire ensemble, de la présence du mari, que diable aurais-je gagné à la contredire ? Mais une fois seul, après les avoir quittés, ah ! oui, j'ai pensé à Tristan, qui est riche lui aussi, qui aime vraiment la veuve, est aimé d'elle et finira par l'épouser.

Sur le chemin du retour, j'ai revécu la soirée, les petits événements qui l'ont marquée ; il est trop tard pour que je les rapporte ici mais ils n'ont pas été inintéressants. Il semble bien que le Conseiller ait désormais découvert l'inclination de sa nièce et ne la désapprouve pas. Les Aguiar, eux, étaient heureux ; ils sont restés tard pour rentrer avec Tristan.

23 janvier

Je me rappelle à l'instant que les Aguiar ont fêté leurs noces d'argent il y a juste un an. J'avais été invité à cette fête intime, que j'avais trouvée délicieuse. Fidélia était là elle aussi, c'est lors de cette soirée qu'elle avait porté un toast à Dona Carmo, où elle se disait sa fille ; tout s'était passé dans la plus douce harmonie. Tristan n'était pas encore arrivé, ni même attendu. Que je n'oublie pas, surtout, de leur envoyer sans tarder mes félicitations ; peut-être même passerai-je là-bas ce soir. Oui, oui, j'y passerai.

... Je viens de recevoir (six heures du soir) un mot de Rita me demandant de l'attendre demain soir afin que nous allions ensemble à Flamengo. J'irai : voilà six jours que je n'y mets plus les pieds.

25 janvier

Il n'y avait pas beaucoup de monde hier à Flamengo. Nos quatre amis – le ménage Aguiar, Tristan et Fidélia (je ne compte pas le Conseiller, qui jouait aux cartes) paraissaient sous le coup d'un événement récent et désiré. Qui sait si Tristan n'a pas demandé la main de la veuve, et si celle-ci ne la lui a pas accordée ? J'ai fait part de ma supposition à Rita, qui m'a dit avoir eu la même impression.

29 janvier

Nous étions dans le vrai, le soir du 24. Les amoureux se sont déclarés. La main de la veuve a été demandée ce jour-là, jour choisi parce que le parrain et la marraine de Tristan y fêtaient l'anniversaire de leur mariage. La demande avait été faite à Botafogo, dans la maison de l'oncle, et acceptée par la dame avec l'assentiment du Conseiller, qui n'avait d'ailleurs aucune raison de s'opposer aux vœux de deux cœurs épris. En vérité, toute cette affaire ne pouvait finir autrement, tous les intéressés étant d'accord entre eux, et chacun avec soi-même.

Dona Carmo et Aguiar, qui avaient très tendrement serré dans leurs bras Tristan avant et après la demande, nageaient ce soir-là en plein bonheur. Dieu me pardonne, ils semblaient encore plus heureux que les fiancés. La veuve gardait une certaine retenue dans la félicité, comme l'exigeait sa double situation ; mais elle l'oubliait parfois un peu et, sur la fin de la soirée, totalement. À cette date, nul n'avait été informé, et maintenant encore je suis le seul à l'être si j'en crois ce que m'a dit aujourd'hui le fiancé ; quelques personnes ont pu supposer la vérité, comme l'a fait Rita, qui en connaissait déjà la moitié ; les moins sagaces se seront dit, en voyant les deux jeunes gens, qu'il est bien que Fidélia oublie un peu son deuil.

À propos de ce qui s'est passé il y a cinq jours, Tristan m'a expliqué pourquoi il me prenait une seconde fois pour confident : il se sentait tenu de me faire connaître le dénouement d'une idylle dont il m'avait présenté les débuts sur le ton de l'élégie. Ce sont là ses propres termes, et il m'a presque cité Théocrite. Je lui ai serré la main avec un vrai plaisir et j'ai promis de me taire.

Sincèrement, je me réjouis de les voir unis. J'ai déjà noté que ce dénouement-là était de nature à éviter aux Aguiar un grand chagrin. J'ajoute maintenant (et peut-être l'ai-je déjà noté aussi) qu'ils sont dignes l'un de l'autre, jeunes et beaux, qu'ils s'aiment, que la nature comme la loi leur donnent le droit d'être l'un à l'autre.

– Notre mariage est pour bientôt mais nous ne l'annonçons pas officiellement parce que j'ai écrit à mes parents et que nous ne nous marierons qu'après avoir reçu leur réponse. Elle ne fait pas de doute et, si par impossible elle était défavorable, nous ne nous en marierions pas moins ; je ne veux toutefois rien faire savoir pour l'instant, par respect pour mon père et ma mère.

Il a poursuivi en passant en revue les remarquables qualités de la jeune femme. Je l'avais déjà entendu en énumérer plusieurs, que j'avais d'ailleurs découvertes moi-même ; mais dans un cas pareil, il faut avoir toute l'indulgence du monde. Tristan parlait avec une telle conviction et une telle ardeur qu'il eût été cruel qu'il ne trouvât pas auprès de moi oreille complaisante et paroles d'encouragement ; il les a trouvées. À la fin (et j'ai été le premier étranger à la famille ainsi honoré), Tristan m'a demandé de lui donner l'accolade ; je la lui ai donnée, énergiquement.

2 février

L'accolade dont j'ai parlé hier m'a fait du bien : elle a été sincère. Elle aurait pu être un geste de comédie, ou de pure courtoisie, il n'en a rien été ; j'ai eu plaisir à saluer le bonheur de ce jeune homme, et avec lui de sa dame, et avec eux de leurs parents, de part et d'autre de l'océan.

Peut-être me trompè-je, mais je trouve maintenant la veuve plus jolie. C'est sans doute à mettre sur le compte de son prochain changement d'état. Sa mélancolie antérieure n'était pas feinte mais elle habitait son cœur en étrangère, en personne que l'on reçoit – je ne sais quels mots trouver pour suggérer une sorte de visite de condoléances, brève, presque muette. Il y a trois semaines, le 9 du mois dernier, j'ai déjà écrit quelques lignes qui expliquent comment peuvent être écoutées ensemble la voix du passé et la voix de l'avenir.

6 février

Rien ne s'ébruite plus vite qu'un grand secret. À côté de moi, qui sais, et de Rita, qui devine, il se trouve maintenant des gens pour assurer qu'il y aura mariage ; qu'ils sachent ou qu'ils supposent, le fait est qu'ils assurent. Pour Osorio, qui en a eu vent, le choc a été aussi brutal que surprenant. Bien d'autres que lui trouveront la dame à leur goût ou se mourront d'amour pour elle, et maudiront Tristan.

Il est vrai qu'Osorio était revenu de ses illusions, mais c'est cela même qui a rouvert la blessure. Il pensait avoir été refusé par fidélité au défunt ; mais du moment qu'elle en accueille un autre, pourquoi pas lui ? De là sa rage, comme au trictrac celle d'un joueur qui frappe sur le tablier avec le cornet à dés qui lui a donné le chiffre le plus bas.

10 février

L'allégresse est bavarde. Alors que Dona Carmo ne m'a pas encore dit que ses enfants allaient se marier, elle m'a confié aujourd'hui avoir écrit à sa commère, la mère de Tristan, à qui elle n'écrit plus depuis longtemps. Elle a dû plaider en faveur du mariage, détailler les grâces physiques et morales de Fidélia et, si elle n'a pas suggéré que la mère vienne au Brésil pour le mariage, et que les jeunes gens y restent, cela ne saurait tarder. Elle me dira le reste à cette occasion, et peut-être avant.

12 février

J'avais envie d'aller passer un mois à Pétropolis, mais le plaisir de côtoyer les deux amoureux me fait hésiter un peu et finira probablement par me retenir à Rio. Rita est dans le même cas et voit déjà le couple plus souvent. Hier, elle m'a assuré que le mariage ne faisait pas de doute.

– Qui t'a dit qu'ils vont se marier ?

– Personne, mais je l'ai deviné. Quand j'en ai parlé à Dona Carmo, elle a paru un peu gênée ; elle ne voulait rien divulguer et n'osait pas nier, voilà tout ; alors j'ai détourné la conversation et parlé d'autre chose. À moins que les deux jeunes gens ne lui aient encore rien confié…

Je ne sais quel scrupule m'a retenu, je ne lui ai rien dit de ce que je tiens de la bouche de Tristan ; mais il ne m'en a pas coûté, j'ai simplement lancé un leurre en répliquant :

– La veuve ne se marie pas avec moi, soit ; selon toi, elle en épouse un autre, bon : mais reconnais que tu as perdu ton pari.

– Je ne le nie pas. Tout est dans les mains de Dieu.

– Tu te souviens du premier jour, au cimetière ?

– Je m'en souviens : un an, déjà.

Je le répète, la discrétion ne m'a pas coûté. C'est une vertu que je n'ai pas de mérite à pratiquer. Un jour, quand je sentirai la mort venir, il faudra que je lise cette page à ma sœur Rita ; et en cas de mort subite, je souhaite qu'elle me lise et m'excuse ; si je ne lui ai pas raconté ce que j'ai noté voici quelques jours, ce n'est pas pour m'être défié d'elle.

Oui, qu'elle me lise, et lise également ce que je proclame ici de ses qualités de dame et de parente. Si nous habitions ensemble, je lui découvrirais peut-être quelques petits défauts, ou elle en moi ; mais vivant indépendants comme nous faisons, c'est toujours avec une joie sensible que nous

nous retrouvons. Je me rappelle qu'au temps où je lisais des classiques, j'ai lu chez João de Barros* certaine réponse d'un roi africain aux navigateurs portugais qui le pressaient de leur céder un lopin de terre pour qu'eux, ses amis, s'y bâtissent un gîte. Le roi leur répondit qu'il valait mieux rester amis de loin ; des amis voisins seraient comme ce rocher au bord de la mer, contre lequel elle battait avec violence. L'image est forte et, si elle n'est pas vraiment tombée de la bouche d'un roi africain, du moins elle dit vrai.

12 février, onze heures du soir

Je viens de relire, avant d'aller au lit, les lignes que j'ai écrites à midi, et j'ai trouvé les dernières sceptiques à l'excès. Que Rita me pardonne.

J'arrive de Flamengo où j'ai trouvé Aguiar un peu souffrant, en chaise longue dans son salon, portes closes, sans un bruit, seul avec son épouse. Tristan était parti pour Botafogo, non qu'il eût refusé de rester, mais parce que parrain et marraine lui avaient demandé d'y aller : Fidélia, si elle ne le voyait pas, pouvait s'inquiéter ; qu'il lui transmît leurs amitiés. Tristan avait cédé et était parti. J'en aurais fait autant à sa place, sans insister pour rester, et il n'a pas dû insister non plus.

Ce n'est pas là, mot pour mot, ce que m'ont dit les Aguiar, mais le sens y est. Sur le chapitre du mariage, ils continuent d'observer le complet mutisme.

Quant à l'indisposition d'Aguiar, il semble que ce soit un simple refroidissement qui passera quand on l'aura bien fait transpirer. Le brave homme n'a pas voulu pour autant que

* João de Barros (1496 ?-1570) a donné, dans les *Décades*, la chronique des découvertes et conquêtes coloniales du Portugal de son temps.

j'abrège ma visite; Dona Carmo insistait pour qu'il allât se coucher, mais il craignait de me voir rentrer chez moi, dans ma solitude, pour m'y ennuyer. C'est ce qu'il m'a dit lui-même, et il m'a retenu autant qu'il a pu. Je ne suis pas resté très tard, mais assez pour voir la maîtresse de maison tirée à hue et à dia, partagée entre souci et allégresse. Interrogative et inquiète, elle touchait le front de son mari, lui prenait le pouls et, l'instant d'après, acceptait un brin de conversation avec moi, sur Fidélia, sur Tristan. La soirée a passé dans ces mouvements alternés, tandis que battaient la mer et la pendule.

13 février

J'ai envoyé prendre des nouvelles d'Aguiar; il s'est réveillé dispos; il ne sortira pas, par prudence, mais cela va mieux. Il m'a écrit d'aller dîner avec eux. Je lui ai répondu que son indisposition avait été un prétexte pour passer la journée auprès de son épouse, et que je ne me permettrais pas d'aller contempler de près ce tableau digne de Théocrite.

En fait, j'ai un empêchement, je dois dîner avec le chargé d'affaires de Belgique. Je préférerais les Aguiar, je l'avoue, non que ce diplomate soit ennuyeux, loin de là; mais les deux vieux conviennent à ma vieillesse, je retrouve en eux un peu de ce que furent mes jeunes années. Le Belge est jeune, mais il est belge. Je veux dire que j'étais las d'entendre et de parler la langue française quand ma langue maternelle, retrouvée, m'a rendu une vie nouvelle et conforme à mes origines; désormais, c'est avec cette langue dans la bouche et dans les oreilles que je veux attendre la mort. Mes jours sont comptés; de tout ce que je laisserai se perdre, rien ne me sera rendu. En réponse à mon refus, Aguiar m'a envoyé ce billet:

"Un tableau de Théocrite? Voilà une expression moins claire qu'il n'y paraît. Venez donc me l'expliquer demain entre la poire et le fromage ; vous en profiterez pour me dévoiler les secrets de la politique belge. Tristan me dit qu'il restera lui aussi dîner si vous venez. Voyez où en est arrivé cet ingrat, il ne dîne avec nous que s'il y a des invités ; sinon, il s'éclipse. Vous viendrez, Conseiller ?"

J'ai accepté, j'irai. Je vois dans la phrase finale du billet une feinte amertume, quelque chose comme de la joie que l'on cache ; autrement dit, les deux vieux sont heureux des éclipses de Tristan parce qu'elles révèlent que s'aiment deux êtres qui les aiment et qu'ils aiment en retour. Je parie qu'après le dîner ils seront les premiers à les renvoyer à Botafogo.

15 février

Non, ils ne les ont pas renvoyés à Botafogo. Je suis certain qu'ils l'auraient fait, comme ils en avaient l'intention, mais on ne leur en a pas laissé le temps. À peine avions-nous fini de dîner que sont arrivés Fidélia et son oncle. J'en ai conclu que les deux amoureux avaient tout combiné ensemble.

Bonne soirée pour tout le monde. En ce qui me concerne, j'ai pris plaisir à observer les deux jeunes gens. Ils essayaient bien de cacher leur jeu, elle surtout, mais il n'y a pas de masque qui tienne, en pareille situation. L'émotion qui les habitait déjouait leurs calculs, et leurs yeux les trahissaient. Ils avaient beau parler peu, ou même se taire, leurs silences en disaient long. L'impression qu'ils m'ont faite, c'est de rester là, perdus dans la contemplation l'un de l'autre, et tous deux ravis au septième ciel. Une impression non moins nette, c'est que le ciel les encourageait à nous envoyer tous au diable, moi, les trois autres vieux, les parents de Tristan, les bateaux, les courriers, les lettres à attendre, tout et tous, sauf du latin et un curé – latin concis et curé expéditif – pour les délivrer du célibat et du veuvage. Et cette commune impatience révélait à quel point ils se connaissaient l'un l'autre.

Ce qu'ils connaissaient? Tout. On n'arrive pas à imaginer comment deux êtres qui ne se sont jamais vus auparavant, ou rarement, en passant et dans l'indifférence à peu près complète, comment de tels êtres soudain se connaissent, comment chacun d'eux est pour l'autre comme un texte dont on a en mémoire tous les mots. Tel était bien leur cas: ils se connaissaient totalement. Et si par hasard se découvrait quelque recoin d'eux-mêmes qu'ils n'eussent pas encore identifié, ils s'y précipitaient, le regard de chacun pénétrant l'âme de l'autre comme le rayon d'une lumière immatérielle. Ce que j'en dis peut paraître obscur mais n'est pas le produit de mon imagination: c'est ce que j'ai vu, de mes yeux vu. Et je les ai enviés. Je ne corrige pas ce mot: j'ai envié ces deux êtres, parce que dans cette transfusion de leur substance leurs différences disparaissaient: ils ne formaient plus qu'un seul être.

16 février

J'ai oublié hier de noter ce qui s'était passé la veille à Flamengo, au début du dîner. Voilà le fait; peut-être aurai-je à m'en souvenir demain, ou plus tard.

Les premières cuillerées de potage furent avalées dans un silence un peu embarrassé. Des lettres (deux lettres) étaient arrivées d'Europe, Tristan est allé les lire dans l'embrasure de la fenêtre, rapidement, et a paru ne pas en apprécier le contenu. À table, il a d'abord eu l'air absent, soucieux. Les parents se sont sûrement doutés de quelque chose mais n'ont rien osé demander. Ils le regardaient à la dérobée, et moi, pour ne pas troubler leur réflexion, je n'ai pas cherché à relancer la conversation, j'ai mangé le nez dans mon assiette.

D'ailleurs la gêne s'est dissipée rapidement et la suite du repas a été fort gaie. Quant au reste de la soirée, j'en ai déjà rendu compte.

Si j'avais voulu connaître le contenu des fameuses lettres, il m'aurait suffi de manquer à la discrétion et à la courtoisie en prenant à part Tristan pour le questionner. Il aurait été tout disposé, je crois, à se confier à moi : il me témoigne chaque jour plus d'amitié, m'écoute, me parle, recherche ma compagnie, sollicite conseils et avis. Cependant, s'il a eu l'air contrarié, cela a si peu duré qu'il ne devait rien y avoir de bien grave ; il aura sûrement fini par informer ses parents adoptifs, une fois seul avec eux – et, plus sûrement encore, par tout raconter hier à sa fiancée. Ils doivent en être déjà au temps des secrets partagés.

18 février

Télégramme des parents de Tristan disant que oui, bien sûr, ils approuvent et envoient leur bénédiction. Le style du télégramme est plus concis, mais c'est en ces termes que Tristan m'en a donné la teneur ; la joie aime à s'épancher. Je lui ai serré la main de grand cœur, il a sollicité une accolade. Cela s'est passé ici, à deux heures de l'après-midi, comme j'allais sortir de chez moi. Nous sommes sortis ensemble, et j'ai dû essuyer trois panégyriques, le premier célébrant ses parents, le deuxième ses parents adoptifs, et le troisième (déjà entendu vingt fois) la dame de ses pensées.

– Dona Fidélia a été comblée ; elle dit n'avoir jamais douté de ce que serait la réponse, mais que celle-ci ait été donnée par télégramme montre que mes parents n'ont pu patienter jusqu'au départ de la malle et ont réagi sur-le-champ. Maintenant des lettres vont arriver mais nous ne les attendrons pas pour faire connaître notre mariage.

À la descente du tram, j'ai eu à essuyer un quatrième panégyrique, celui de ses chefs politiques, qui ont hâte de le voir entrer à la Chambre, comme ils le lui avaient déjà écrit. L'un d'eux est allé jusqu'à dire que, si Tristan abandonnait la politique, lui-même en ferait autant.

– Exagération, a conclu l'intéressé en souriant, mais elle prouve qu'on m'apprécie. C'est peut-être aussi un moyen de me faire rentrer plus tôt ; mon correspondant m'a simplement indiqué que mon élection est assurée et ma candidature sur le point d'être déposée.

– Mes félicitations.

– Pas encore ; et surtout, que cela reste entre nous. Je n'ai rien dit à mes parents adoptifs ; à Dona Fidélia, si, en confidence, et maintenant à vous, en vous demandant la plus grande discrétion.

Voilà donc, probablement, ce que contenaient les deux lettres de l'autre jour. Mais au fait, partira-t-il, ou ne sait-il pas encore s'il cédera ou non à son épouse, au cas où elle voudrait rester ici ? La discrétion qu'il m'a demandé d'observer convient pour l'une et l'autre solution...

22 février

La nouvelle du mariage de Tristan et de Fidélia a été rendue publique, mais pas annoncée par voie de presse, ce que je trouve dommage ; seuls ont été informés les amis et connaissances des deux familles.

J'aime voir imprimées noir sur blanc les informations concernant les particuliers ; cet usage a son mérite : la vie de chacun devient ainsi l'objet de la sollicitude de tous. J'ai déjà vu de ces annonces non seulement imprimées mais accompagnées de photos. Un jour viendra où la photographie pénétrera dans la chambre des moribonds pour fixer leurs derniers instants ; et peut-être nous sentirons-nous alors les familiers d'un plus grand nombre d'êtres.

25 février

Quand ma sœur Rita est venue m'apporter la nouvelle officielle du mariage, j'ai brandi mon faire-part dans un geste de triomphe en lui demandant qui avait eu raison au cimetière, l'année passée. Une fois de plus, elle a convenu que c'était moi, mais avec cette restriction : ce qu'elle avait parié, c'est que la belle ne m'épouserait pas, moi. Et de me rappeler le texte de Goethe que je lui avais lu ici même, où Faust est l'objet d'un pari entre Dieu et le diable.

– Mais, coquine, c'est toi qui m'as incité à tenter ma chance, avec de belles paroles sur mon âge, qu'on ne me donnerait pas, tu te souviens ?

Elle se souvenait, nous avons souri et mis la conversation sur les fiancés. J'ai dit du bien des deux, elle ne m'a dit du mal ni de l'un ni de l'autre mais en a parlé sans chaleur. Peut-être lui déplaît-il de voir la veuve se remarier, comme si c'était là quelque chose de condamnable ou d'extraordinaire. N'ayant pas elle-même convolé en secondes noces, elle en est peut-être venue à penser que personne ne doit le faire. Ou alors (pardonne-moi, chère sœur, si un jour tu lis ces lignes), ou alors elle a éprouvé tels ou tels regrets de ne pas l'avoir fait... Mais non, ce serait soupçonner à tort une si remarquable personne.

Voilà résumée, tant bien que mal, notre conversation. Nous n'avons évoqué ni la date du mariage, ni celle du départ des époux, si tant est qu'ils doivent partir. Sur ce qu'elle avait pu entendre chez les Aguiar comme anecdotes, bons mots, potins – tous convenables et sans malveillance –, Rita s'est montrée intarissable.

Six heures du soir

Je rentre de la ville, où l'on m'a confirmé que le contrôleur Miranda a eu ce matin une congestion cérébrale. Rita m'en avait parlé seulement au moment de me quitter, et je ne l'avais pas noté. Nous étions dans l'escalier, sur le palier, quand elle m'a dit avoir appris la nouvelle dans le tram, en écoutant parler deux inconnus.

Et c'est seulement maintenant que tu me l'apprends ? lui ai-je dit. Mais elle a eu raison ; la vie a ses droits, imprescriptibles ; les vivants d'abord, avec leurs hymens ; les morts et leurs funérailles peuvent attendre. J'ai fait comme elle : c'est seulement maintenant que je parle du pauvre homme.

26 février

Miranda est mort hier à dix heures ; on l'enterre aujourd'hui à quatre. Je crois qu'il ne laisse pas sa famille dans le besoin. Si je faisais le compte des amis que j'ai perdus de par le monde, j'arriverais bien à plusieurs dizaines. Les journaux disent qu'il ne sera pas envoyé de faire-part ; j'irai au cimetière sans faire-part.

Dix heures du soir

Je suis donc allé enterrer Miranda. Cela ne vaudrait pas la peine d'être noté, n'était ce que j'ai vu à la fin de la cérémonie. Beaucoup de monde, les chagrins habituels. Césaria elle-même paraissait abattue ; je ne dis pas qu'elle pleurait, ni le contraire. Aguiar et Campos étaient là aussi, et d'autres personnes de ma connaissance.

Au cimetière, une fois jetée la dernière pelletée de terre, je me suis éclipsé pour aller sur la tombe des miens. Je l'ai trouvée parfaitement entretenue, comme toujours ; au bout d'un moment, voyant que la foule ne s'était pas totalement écoulée, j'ai poursuivi en direction du tombeau de Noronha, le mari de Fidélia ; je connaissais son emplacement mais n'avais encore jamais poussé jusque-là.

Maintenant que la veuve est sur le point d'enterrer le mort une seconde fois, il m'a paru intéressant de contempler son tombeau, et peut-être ai-je trouvé quelque sel à mettre dans la bouche du défunt le vers de Shelley que j'avais fait mien à propos de la même belle dame : *I can*, etc. Tombeau d'une beauté sévère, en parfait état ; dans deux vases, des fleurs naturelles, coupées du matin. Interrogé, un fossoyeur qui passait m'a dit : "Elles sont à une dame qui en apporte de temps en temps."

J'avais posé la question d'un air si naturel que le fossoyeur n'a pas eu de scrupule à me renseigner, pas plus que je n'en ai à en parler ici. Je ne veux rien taire non plus des pensées qui me sont venues. Le cortège de Miranda s'éloignait, un autre arrivait ; me faufilant entre les deux, j'ai rejoint ma voiture et suis rentré chez moi.

En chemin, pensant à la veuve Noronha et au soin qu'elle a peut-être encore de fleurir la tombe de son mari, je me suis demandé si c'était par attachement ou par habitude. Tranche qui voudra ; pour moi, j'ai examiné la question sous tous les angles mais, au moment où j'allais trouver une troisième explication, la voiture s'était déjà arrêtée devant ma porte. Je suis descendu, ai tendu au cocher le pourboire de rigueur et enfilé mon corridor. Fatigué, je me suis mis à l'aise, ai commencé à rédiger cette note et vais passer à table. À la fin de la soirée, si je le peux, je noterai la troisième explication, sinon ce sera pour demain.

Cette explication, en fait, je l'ai déjà fournie plus haut dans ce journal, je ne sais plus quel jour – ah ! si : le jour du deuxième anniversaire de mon retour à Rio de Janeiro, quand j'ai cru voir en Fidélia deux femmes, celle du passé et celle de l'avenir, et de leurs substances mêlées naître la Fidélia présente. Je ne m'explique pas plus clairement, il suffit que je m'entende, encore que de justesse. Si Dona Césaria venait à découvrir cette vérité, elle serait capable d'aller la dire à Tristan lui-même, en y ajoutant sa goutte de fiel, ou de perversité – ou les deux, pour changer… Pas aujourd'hui, tout de même : elle a encore sur le cœur la mort de son beau-frère ; mais tout passe, les beaux-frères aussi.

Sans date

Voilà des jours et des jours que je ne note rien. D'abord un peu de rhumatisme à la main, puis des visites, le manque de matière et, pour finir, de la paresse. Je secoue la paresse.

J'ai passé la soirée d'hier chez la veuve Noronha, presque seul avec elle ; il n'y avait là que son oncle, un de ses collègues et une vieille parente. Tristan était parti pour Pétropolis, accompagné jusqu'au bateau de la Petite Plage par les Aguiar, ainsi que par moi : je les avais vus passer rue de la Quitanda et ils m'avaient invité à monter en voiture avec eux. Aucune allusion au motif de ce déplacement, mais je le connaissais de la veille : Tristan est allé visiter une maison où passer leur lune de miel. J'en ai conclu, je ne sais pourquoi, qu'ils finiraient par rester parmi nous.

Je peux dire que je suis resté vraiment en tête à tête avec Fidélia. Ayant entendu l'oncle dire que sa nièce regrettait de ne plus voir son vieil ami – moi, en l'occurrence –, j'avais supposé qu'il n'en était rien ; pourtant, sollicité pour une partie de cartes, j'ai décliné l'invitation et j'ai eu raison ; c'est la vieille parente qui est allée jouer à l'*hombre* avec les deux magistrats.

Je suis assez libre avec Fidélia, désormais, pour avoir pris la liberté de lui demander si son fiancé ne lui manquait pas. Réponse affirmative mais silencieuse : un bref sourire et un mouvement de sourcils. Nous avons parlé de Tristan presque tout le temps. Je lui disais tout le bien que je pense de lui – ce qui n'est pas peu ; elle me répondait sans en tirer vanité, se montrant bien plutôt modeste, discrète ; au fond d'elle-même, elle devait être satisfaite. Elle m'a dit avoir reçu des lettres de sa future belle-famille, confirmant d'abondance la teneur du télégramme. Celle de la mère était toute de tendresse, elle m'en a cité quelques phrases avant d'aller chercher la lettre pour que je la lise moi-même.

– Est-il arrivé des lettres politiques ?

– Je crois.

J'ai lu et vivement loué la lettre de la Pauliste*, que j'ai trouvée tendre, en effet, encore qu'un peu verbeuse, mais tendresse de mère ignore la concision. La lettre s'adressait à Fidélia en personne.

Voyant qu'elle prenait plaisir à bavarder, je ne lui ai pas demandé de musique ; c'est elle qui est allée spontanément se mettre au piano ; pour le morceau qu'elle a joué (j'en ignore l'auteur), si Tristan ne l'a pas entendu depuis Pétropolis, ce n'est pas faute que la pianiste y ait mis de son âme. L'autre monde, lui, est plus éloigné, mais d'autres soupirs de la même âme sont déjà allés vers lui. Avantage de la musique : elle parle aux morts et aux absents.

Samedi

Après les confidences qu'elle m'a faites, Fidélia semble maintenant se tenir en retrait, et c'est naturel. Quand je lui

* *Paulista* : personne native de l'état de São Paulo, ce qui est le cas de la mère de Tristan.

ai demandé des nouvelles de Tristan, elle m'a dit n'en pas avoir, et a parlé d'autre chose. En revanche, alors que j'évoquais la joie récente de Dona Carmo, elle a fait allusion au chagrin que celle-ci avait montré lors du départ de Tristan, et au conseil qu'elle, Fidélia, lui avait donné, de partir avec lui ; à quoi la vieille dame avait rétorqué qu'il lui faudrait quitter son mari, et qu'elle ne le pouvait pas.

– Voyez combien il est dangereux de partager son cœur entre deux personnes ; jeune, je ne l'ai jamais fait ; aujourd'hui que je suis vieux, je le ferais moins encore.

Sur ce thème (j'avais lancé sans intention cette phrase un peu ambiguë), nous n'avons rien dit qui vaille d'être rapporté ici. Elle a parlé avec esprit, et probablement avec pertinence, mais nous n'avons pas abordé le sujet essentiel de l'état de son cœur. Je l'observais avec délices – intérieur et extérieur – et ne trouvais pas moins remarquable le contenu que l'enveloppe. Sans se départir de la discrétion qui lui va si bien, Fidélia dévoile librement ses pensées, avec une confiance dont je la remercie à distance.

9 mars

Tristan est rentré de Pétropolis. Il a loué à Vestefalia une maison construite par le commandeur Josino qui va la laisser quelque temps parce qu'il part avec sa famille pour le Sud ; le bail a été établi pour trois mois. Dona Carmo et Fidélia montent la voir cette semaine. Toutes deux sont maintenant beaucoup plus proches l'une de l'autre, plus familières, que ce soit chez elles ou en ville, et elles se confient naturellement plus de choses. De mon côté, je me joins à elles quand je les rencontre, et les écoute parler.

– Ma chère sœur, ai-je dit à Rita en lui racontant tout cela à Andaraï, vois comment finit un vieux et grave diplomate retraité : sans le poids de la fonction, mais sans les espoirs de promotion.

Rita a compris et j'ai bien cru qu'elle allait me tirer les oreilles ; peinée, elle a préféré, en guise de consolation, me dire de ne pas avoir de pensées de cimetière. Cette allusion à notre visite au tombeau de famille, voilà plus d'un an, a failli me faire avouer le sentiment paternel qu'il m'arrive d'éprouver pour Fidélia, mais je me suis retenu à temps. Elle m'aurait probablement accusé, comme une fois déjà, de cacher mon jeu. Sans vouloir de mal à personne, et surtout pas à moi, ma sœur adore persifler. Au reste, il y a des choses que l'on doit confier seulement au papier, sans en souffler mot à quiconque, et c'est ce que je fais pour la variété inconnue de sentiment que m'inspire maintenant la veuve.

13 mars

Rien de tel que la passion pour faire trouver extraordinaire ce qui est commun, et nouveau ce qui est vieux comme le monde. Ainsi en va-t-il pour nos deux fiancés, que je ne me lasse pas d'écouter tant je les trouve intéressants. Né, dit-on, de la ruse du serpent et de la désobéissance de l'homme, ce fameux drame de l'amour n'a pas fini d'être joué de par le monde. De temps à autre un poète lui prête l'éclat de son langage et arrache des larmes aux spectateurs, c'est tout. Le drame, lui, est de tous les jours et prend toutes les formes, il est jeune comme le soleil, et vieux comme lui.

20 mars

Dona Carmo s'est chargée d'arranger la maison des fiancés. Je l'ai su par le Conseiller, qui est redescendu de Pétropolis ; quand il en est parti, la maison était "une merveille", tant la vieille dame a su disposer avec art meubles et éléments décoratifs, dont certains ouvrages de dame qu'elle vient tout juste de réaliser.

– Si vite ? ai-je demandé.

– Oui ; Dona Carmo est rapide et, dans le cas présent, s'active de tout son cœur ; elle avait aussi apporté de chez elle d'autres pièces, également de sa main, qu'elle leur a offertes. Parlez-en avec Aguiar, il vous le confirmera, et Tristan aussi, et Fidélia de même.

Rita, sans avoir rien vu, croit qu'en effet tout doit être remarquable, c'est du moins ce qu'elle m'a répondu. Quant à Dona Césaria, qui n'a rien vu non plus, elle incline à penser qu'il y a sûrement quelques fausses notes.

– Peut-être pas, ai-je osé avancer.

– Je ne dis pas que Dona Carmo ne puisse faire quelque chose qui vaille, mais ainsi à la hâte, quatre à quatre, j'en doute. Et puis elle n'a pas autant de goût qu'on veut bien le dire ; elle en a, évidemment, mais il lui manque le vrai chic. Les fiancés de même. Tristan est un faiseur d'esbroufe…

J'aurais bien voulu prendre la défense du trio, mais la conviction qu'elle n'a pas meilleure opinion de moi m'a fait reculer et lui répondre que je ne lui avais jamais vu autant d'esprit. J'ai fait plus : je lui ai fait compliment de ses yeux et, quand elle a passé deux doigts sur ses sourcils, je lui ai fait compliment de sa main ; je serais bien allé jusqu'aux pieds si elle me les avait montrés, mais elle ne m'a rien montré de plus.

21 mars

Je m'explique sur mes notes d'hier. Ce n'est pas par lâcheté que j'ai loué l'esprit de Dona Césaria, ses yeux, sa main et implicitement toute sa personne : j'avais déjà salué certains de ses charmes. Je sais bien, au surplus, qu'être flatté n'enlève pas le goût de médire et que la dame en question ne manquera pas, à l'occasion, de me déchirer à belles dents, quelques éloges que je puisse faire des siennes. Mais la réalité est ailleurs : je ne l'ai pas complimentée pour la désarmer mais pour me divertir, et le reste de la soirée s'est déroulé sans anicroche. J'étais reçu chez elle, sa sœur jetait sur tout l'ombre de son veuvage. Dona Césaria a beaucoup parlé, mêlant fiel et miel avec un tel art que parfois le miel avait le goût du fiel, et vice-versa, et que les deux paraissaient se fondre en une substance unique.

22 mars

La mise au point que je vais faire sera courte ; s'il devait en être autrement, il vaudrait mieux la laisser pour demain ou pour ce soir à mon retour ; mais elle sera courte.

Courte et lucide. Tristan peut finir par renoncer à sa carrière politique. Ainsi que je l'ai écrit l'an passé, ce qu'on m'a dit de la première partie de sa vie montre qu'il n'a pas été l'homme qui fait du premier coup des choix définitifs : il a changé d'attachements, de préférences, de carrière ; parti pour faire du droit, il a fini par être médecin, puis homme politique ; dernièrement encore, venu en voyage d'agrément et d'affaires, il se marie. Ce dernier point toutefois n'a rien d'étonnant, le destin lui a fait faire une heureuse rencontre, et tout homme tend ses poignets aux menottes, si elles sont jolies – or, ici, elles sont belles.

Il me parle déjà moins de partis et d'élections, et ne me dit pas ce que les chefs lui écrivent. Il ne parle que de la veuve, avec moi du moins, et je ne pense pas qu'il se confie plus librement à d'autres, ni plus longuement, en dévoilant ses ambitions politiques proches ou lointaines. Non, seule compte pour lui Fidélia et il est fort capable d'envoyer au diable un siège aux Cortès si sa fiancée le lui demande. On me dira qu'il est versatile, et le jouet de son dernier emballement ? C'est possible – et tant mieux pour les Aguiar. Dans ce cas, je lirai un jour cette page aux deux vieux, y compris cette dernière ligne.

25 mars

Aujourd'hui, anniversaire de la Constitution*, j'avais l'intention d'aller présenter mes devoirs à l'Empereur, mais la visite de Tristan m'a fait renoncer à mon projet. Je suis resté longtemps avec lui à bavarder de choses et d'autres, puis nous sommes sortis pour une promenade avant de revenir ici.

Il n'a pas voulu dîner avec moi parce qu'il doit dîner avec elle. Nous avons évidemment parlé d'elle plusieurs fois, lui avec enthousiasme, moi avec sympathie. Sans doute ai-je parlé moins que lui, je le reconnais ; mais après tout je ne suis qu'un ami pour eux et, d'ordinaire, je préfère écouter.

Un autre sujet qui nous a aussi retenus – moins que la veuve – c'est la politique ; non pas celle du Brésil ni du Portugal, mais celle d'autres peuples, s'exprimant dans d'autres langues. Tristan a été témoin de la Commune, en France, et semble de tempérament plutôt conservateur. Sauf quand il s'agit de l'Angleterre : en Angleterre il est libéral. En Italie, il se retrouve latin. Tout trouve sa place et se concilie dans cet esprit si divers. Ce que j'ai noté d'évident, c'est que la politique le passionne, où qu'elle se fasse. On sent bien que c'est là sa vraie patrie, celle où il s'est révélé, où il se sent vivre. On voit aussi que la politique de la haine lui est inconnue, et qu'il ne saura jamais chercher à nuire. En

---

* Le 25 mars 1824, le Brésil s'est doté d'une Constitution instituant un régime impérial relativement libéral. Elle allait rester en vigueur jusqu'à la proclamation de la République (1889).

somme, un honnête garçon, comme je ne me lasse pas de l'écrire, et ce n'est pas au moment où il se marie que j'irais changer d'avis : tous les fiancés sont d'honnêtes garçons.

26 mars

Or bene, le jour du mariage de Tristan et de Fidélia a éte fixé : ce sera le 15 mai. Ils avaient déjà arrêté la date ensemble, secrètement, afin que les papiers nécessaires puissent parvenir à temps à Lisbonne ; ceux de là-bas vont être expédiés sans tarder.

J'ai appris la nouvelle aujourd'hui, de la bouche même de Dona Carmo. Nous sommes devenus si intimes, les fiancés et moi, les parents adoptifs et moi, qu'elle a tenu à m'informer avant l'envoi des faire-part, comme si je faisais partie de la famille. Cela fait, elle a immédiatement tout rapporté à elle-même.

– Conseiller, m'a-t-elle dit, je vois se réaliser un grand rêve : je les aurai finalement auprès de moi. J'espère leur trouver une maison ici même, à Flamengo. Elle m'a dit une fois qu'elle se considérait comme ma fille...

– À l'occasion de vos noces d'argent, n'est-ce pas ?

– Vous l'avez entendue me le dire ?

– Non, mais j'ai surpris un geste suffisamment éloquent. Rappelez-vous que j'étais placé à côté de vous et elle près de votre mari ; la distance n'était pas bien grande, et j'ai une excellente mémoire.

– Vous avez raison. J'ai été heureuse, ce soir-là, mais je n'imaginais pas que me serait donné un jour un bonheur plus grand.

Pour changer de conversation, j'ai répété que je n'oubliais rien et me suis mis à raconter, au fil du souvenir, diverses anecdotes, toutes précises, sans une erreur, mais toutes du temps de ma jeunesse. Car pour les faits récents, j'oublie beaucoup de choses, je confonds, j'intervertis les dates. Mais enfin, j'avais réussi à donner un autre tour à nos propos, comme je le souhaitais, pour ne pas risquer de ternir la joie de la bonne dame par une question indiscrète sur la politique. Je pensais que d'elle-même elle n'en parlerait pas ; ce qu'elle a pourtant fait. Elle m'a confié que Tristan est muet sur la politique, que les lettres du Portugal se font plus rares ou traitent de sujets sans intérêt ; il les range sans les montrer à personne, ou en lit quelques passages, à la hâte. Sa mère lui a écrit récemment.

– Ma commère m'a fait dire que je voulais lui voler son fils et m'a menacée de venir le chercher avec toute une escadre. J'ai répondu en plaisantant moi aussi.

Dona Césaria, qui faisait alors son entrée dans le salon, s'est vu confirmer la date du mariage ; elle en avait entendu parler et venait savoir si c'était exact. L'émotion sensible qu'elle a manifestée en félicitant Dona Carmo a racheté en partie, à mes yeux, le mal qu'elle m'en avait dit ; j'y ai vu par ailleurs la confirmation d'une pensée qui m'est venue un jour (je ne sais si je l'ai notée) sur le gouvernement du monde. Dieu, dans cette scène, l'emportait sur le diable avec un sourire si doux et si tendre qu'il faisait presque oublier l'existence de son immonde associé. Ce n'est pas le mari de Dona Césaria qui serait capable de se montrer aussi différent de lui-même. Il lui manque le don et, plus que tout, les bonnes manières. C'est un individu capable de recevoir à coups de pied qui lui apprendrait qu'il a gagné le gros lot. Il ne sait pas être heureux, même gratuitement. Je ne sais si je me fais bien comprendre, mais je me comprends, cela suffit. Avec ces réflexions et quelques autres qui me sont venues à l'esprit, le temps a passé, et je me suis retrouvé chez moi à onze heures.

Un mot encore, avant de me mettre au lit : quand j'y réfléchis, Tristan en effet ne me parle plus de politique, ni des lettres qu'il reçoit ; peut-être se font-elles réellement plus rares. Si j'étais poète, je finirais par un hymne au dieu de l'amour ; à défaut, je me rabats sur la prose : "Amour, grand parti entre tous les partis, c'est toi le plus puissant parti de la terre..." Je lirai ces dernières lignes aux deux tourtereaux, une fois qu'ils seront mariés.

4 avril

Je ne m'attendais pas à celle-là : pour le mariage, Tristan est venu me demander d'être son témoin. Je ne pouvais refuser, j'ai donc accepté, quoique sans enthousiasme. Il aurait pu choisir Aguiar, ou Campos ; mais enfin je veux bien contribuer à la félicité générale. Il m'a donné d'autres détails : mariage sans faste, entre onze heures et midi ; déjeuner en famille à Flamengo, puis les mariés seront emmenés en toute simplicité à la Petite Plage, où ils s'embarqueront pour Pétropolis. Détails nullement indispensables, mais il faut prêter une oreille complaisante à tout ce qui vient d'un cœur épris.

8 avril

– Savez-vous ce que Dona Fidélia vient de m'écrire ? m'a demandé Aguiar. Que la Banque doit s'occuper de vendre Santa-Pia.

– Je crois l'avoir déjà entendu dire...

– Oui, il y a un certain temps, mais cela pouvait rester une idée en l'air ; je vois maintenant qu'il n'en a rien été.

– Les affranchis ont continué à travailler ?

– Oui, mais ils disent que c'est pour elle.

Je ne me rappelle pas si j'ai fait quelques remarques sur la liberté et l'esclavage ; c'est possible, encore qu'il m'importe peu que Santa-Pia se vende ou pas. Ce n'est pas la propriété qui m'intéresse, mais la propriétaire, qui ne réside pas sur ses terres, qui ne va pas s'y marier. En ville, on parle déjà beaucoup de son mariage, il suscite pas mal d'étonnement, et probablement de jalousie. Il se trouve même des gens pour s'enquérir de Noronha. Où est passé Noronha ? Qu'est-il arrivé à Noronha ?

Si peu d'hommes posent des questions, les femmes sont plus nombreuses à le faire, soit qu'elles aient eu pitié, auparavant, des larmes de Fidélia, soit qu'elles trouvent Tristan intéressant, soit qu'elles ne puissent dénier à la veuve une réelle beauté. Ces trois raisons peuvent d'ailleurs s'additionner pour susciter une belle curiosité. Toujours est-il qu'on s'interroge sur le défunt, et que la réponse est un geste signifiant à peu près ceci :

– Ah ! chère amie (ou cher ami), si je cherchais à connaître la demeure des morts, je marcherais jusqu'à l'infini et me perdrais dans l'éternité.

Réponse ingénieuse mais inexacte. Les morts s'arrêtent tout bonnement au cimetière et c'est là que les rejoint l'affection des vivants, avec leurs fleurs et leurs souvenirs. Tel sera le sort de Fidélia quand elle ira là-bas, et tel est le sort de Noronha qui s'y trouve déjà. Ce qui compte, c'est que du mort au vivant ne se brise pas le lien, et que la vie ne détruise pas ce qui fut aussi la vie, ce qu'a interrompu la mort... Je crois aux deux attachements de Fidélia, j'en viens à penser qu'à eux deux ils forment finalement une seule réalité, une sorte de continuité.

Quand j'appartenais au corps diplomatique actif, je n'étais pas tellement l'homme de la confiance, je me montrais inquiet et soupçonneux ; mais j'ai pris ma retraite précisément pour avoir le droit de croire à la sincérité de mon prochain. Aux collègues en exercice de pratiquer la méfiance.

15 avril

Santa-Pia n'est plus en vente. Et pas faute d'acquéreurs, loin de là ; en cinq jours il s'en est déjà présenté deux, qui connaissent la plantation, et seul le premier a refusé le prix demandé. Elle n'est plus en vente, c'est tout ce qu'on m'a dit ce matin. J'en conclus que le jeune ménage ira y passer le reste de ses jours. Bien que ce fût du domaine du possible, rien n'est plus inattendu.

Ce que j'ai appris plus tard, c'est que Tristan, informé par la veuve de sa décision de vendre, avait conçu un plan et le lui avait soumis. Pas d'un coup ni en termes précis, mais plutôt en lui suggérant la chose. Étant donné que les affranchis continuent de manier la houe par attachement à leur jeune maîtresse, pourquoi ne pas disposer de la plantation en leur faveur, ne pas en faire don à ceux qui avaient été ses esclaves ? Qu'ils la travaillent pour leur propre compte. Il ne s'est pas exprimé exactement en ces termes mais a donné à son propos un tour volontairement sec, de manière à masquer le côté généreux de l'opération. C'est ainsi que l'a compris Fidélia, qui en a parlé à Dona Carmo, laquelle m'a tout raconté, en ajoutant :

– Tristan est bien capable et d'avoir eu ce dessein, et d'avoir préféré le dissimuler, mais je crois aussi qu'il peut avoir voulu qu'on ne puisse le soupçonner de s'être marié pour des raisons d'intérêt. Quoi qu'il en soit, il semble bien que la donation se fera.

– Et dire que les critiques débattent sur romantisme et naturalisme !

Je crois que Dona Carmo n'a pas trouvé mon exclamation de son goût, et moi-même ne lui trouve ni goût ni sens. J'ai applaudi au changement de plan, et pense d'ailleurs que le nouveau a du bon. Si le jeune ménage n'a pas l'intention d'aller s'enterrer dans les champs et n'a pas besoin du prix de vente de la plantation, mieux vaut la donner aux affranchis. Quant à savoir si ceux-ci sauront travailler ensemble et se montrer dignes du beau geste de leur jeune maîtresse, c'est une autre question, et peu m'importe qu'elle soit ou non résolue ; il ne manque pas de choses plus intéressantes de par le monde.

19 avril

J'ai parlé à Tristan de la donation de Santa-Pia mais il ne m'a pas confié ses mobiles secrets ; il m'a seulement dit que Fidélia va signer les papiers demain ou après-demain. Nous étions au Carceller*, devant une tasse de café. Il a ajouté qu'il avait reçu des lettres de Lisbonne, dont deux d'ordre politique ; on le presse. J'ai souhaité savoir s'il répondrait à cet appel, mais à la façon dont il a regardé monter la fumée de son cigare, il m'a paru n'avoir en vue que la veuve, l'autel et le bonheur ; je n'ai pas osé insister.

Quand nous sommes sortis du Carceller, il m'a indiqué qu'il avait une commande à faire ; de quel objet, et pour qui, il ne me l'a pas dit. Il m'a parlé en revanche de sa marraine, de l'affection qu'elle lui voue ; je n'ai pu que confirmer :

– Oui, on peut le dire, une grande affection.

– Grande et ancienne.

Il est passé de là à des souvenirs d'enfance et d'adolescence, à des anecdotes que je connaissais déjà et qu'il m'a racontées en marchant, de longues minutes durant ; décidément, c'est une bonne nature et un véritable ami. Ses années brésiliennes et celles qu'il a passées là-bas lui ont laissé une

---

* Célèbre salon de thé créé par le Français Louis Carceller.

façon de prononcer où se mêlent l'accent de Rio et celui de Lisbonne et qui ne le dessert pas, au contraire. Nous nous sommes quittés à la porte d'une joaillerie ; la commande sera donc quelque bijou.

28 avril

Le domaine de Santa-Pia est passé aux mains des affranchis, qui le recevront probablement avec des danses et des larmes ; mais cette récente – ou plutôt cette première – responsabilité peut aussi…

6 mai

Les Aguiar paraissent bouleversés. Tristan a reçu des lettres de Lisbonne, ainsi que divers journaux, et s'est longuement plongé dans leur lecture, l'air d'abord satisfait, et tout de suite après le visage sombre, fermé. Dans les colonnes des journaux, certains passages étaient soulignés au crayon et à l'encre noire ; il les a lus sans fournir aux deux vieux la moindre explication. Au contraire, il a emporté les feuilles dans sa chambre, où personne n'est allé les demander ni les voir. De même on ne lui a posé aucune question ; il est resté plongé dans ses pensées, et la fin de l'après-midi s'est passée ainsi. Après le dîner, tous trois sont partis pour Botafogo.

Là, les ombres se sont dissipées : quand Tristan et Fidélia se retrouvent, c'est toujours pour eux l'aurore ; les Aguiar ont oublié leur inquiétude, et la fin de la soirée a été celle d'une famille baignant dans le bonheur.

Je n'étais pas avec eux ; je tiens ce que je sais de ma sœur Rita, qui a parlé avec Dona Carmo et est venue tout me confier, "sous le sceau du secret", a-t-elle précisé. J'ai accepté la confidence et apprécié l'expression. L'une et l'autre notées, je termine par cette dernière réflexion : Tristan est fait de telle sorte que la politique peut l'entraîner sans effort, et Fidélia le retenir sans difficulté.

8 mai

Tristan souhaite être marié par le père Bessa, et le lui a demandé. La requête à peine entendue, le père a accepté et remercié, radieux. Être béni pour son mariage par le prêtre qui vous a baptisé, il y a là une sorte d'harmonie par symétrie qui a dû séduire le fiancé et entrer pour une part dans sa décision ; mais il se peut bien qu'il ait surtout voulu donner cette joie au père Bessa. Cet obscur desservant d'une paroisse perdue de Praia Formosa sera appelé à gravir les degrés de la fameuse église de la Gloria (car c'est là que sera célébré le mariage) pour y bénir l'union de deux êtres au-dessus du commun par leur notoriété et leur beauté. Aguiar m'a dit que le curé ne se tient plus de joie, on dirait que c'est lui le fiancé.

– Notez au passage, Conseiller, a-t-il ajouté en me fournissant cette information avec quelque retard, notez que le jour où Tristan lui a offert une soutane neuve, le père Bessa a été fort gêné parce que cela lui a fait prendre conscience de l'état de délabrement de la sienne. Mais maintenant, vous n'imaginez pas à quel point il peut être tout bonnement et franchement heureux. Heureux, à mon avis, qu'on lui donne l'occasion de remplir son office spirituel, sacramentel : voilà plusieurs années qu'il n'a plus marié personne.

15 mai

Mariés enfin. Je reviens de la Petite Plage, où je suis allé les embarquer pour Pétropolis. Le mariage a été célébré à midi juste, en l'église de la Gloria ; peu de monde, beaucoup d'émotion. Fidélia en robe noire montante, les manches serrées au poignet par des boutons de grenat, le maintien grave. Dona Carmo, dans sa toilette sévère, était tout sourire, ainsi que son mari. Tristan, radieux. En montant les marches, j'ai échangé un regard avec ma sœur Rita, et je crois bien que nous avons souri ; pour elle, je ne sais, mais pour moi c'était au souvenir de la fameuse journée du cimetière et de ce qu'elle m'avait dit à propos de la veuve Noronha. Et voilà que nous étions à l'église avec elle, pour de tout autres noces. Ainsi en avait décidé le Destin. Je lui donne ce nom parce que la lecture des Anciens me l'a rendu familier, et qu'il me plaît vraiment. Il vous a un air immuable, définitif. Et après tout, il rime avec *divin*, tout en m'épargnant des cogitations philosophiques.

Dans l'église, des curieux du quartier, des dames principalement. Chacune d'elles dévorait des yeux les fiancés, essayait de les suivre du regard depuis la porte jusqu'au maître-autel. Gestes divers, murmures, hochements de tête : noter ce manège me prendrait toute ma feuille bien vainement. Plus intéressant, en revanche, serait tel ou tel propos, tombé de quelque bouche, sur le premier mariage et ses plaisirs, sur le veuvage et ses chagrins, sur ces phases successives de la vie, vieilles comme les quartiers de la lune.

À la fin de la cérémonie, quand le père Bessa a quitté l'autel, la marraine a laissé éclater sa joie. J'ai vu comment elle a serré contre elle les époux, chacun des deux d'abord, puis en les réunissant dans le même embrassement. Tristan lui a baisé la main, Fidélia aussi, tous deux également émus, et la vieille dame a scellé le tout de deux baisers de mère. À une heure de l'après-midi, nous étions de retour à Flamengo, et peu après nous passions à table. Je suis trop fatigué ce soir pour noter tout ce qui s'est passé avant, pendant et après le repas, jusqu'à l'heure où nous somme allés accompagner les jeunes mariés à la Petite Plage. Rien d'exceptionnel, sinon l'impression – profonde – que m'ont laissée les quatre protagonistes. Parmi les présents, je dois citer Campos, qui n'était pas le moins satisfait, quoique Tristan lui enlève sa nièce, à demi épouse et à demi fille depuis qu'elle était venue vivre à ses côtés et tenir sa maison ; à citer aussi le fils de Campos, cousin de la mariée. Pour le reste, des amis intimes, en petit nombre.

Un incident, survenu si à propos qu'on l'aurait dit arrangé : au beau milieu du repas est arrivé de Lisbonne un télégramme adressé à Tristan et portant, avec deux prénoms et une date, ces seuls mots : "Dieu vous bénisse." Les parents savaient que le mariage avait lieu aujourd'hui, ils ont tenu à envoyer leur bénédiction par câble. Tristan a lu le message des yeux, puis à voix haute, et le télégramme a fait le tour de la table. Naturellement, les nouveaux mariés ont serré les mains qui se tendaient, et la mère adoptive a approuvé d'un signe le texte de la mère véritable. Je me suis laissé gagner par toute cette tendresse, non que j'y eusse part, mais elle me faisait du bien. Je n'appartiens déjà plus à ce monde, mais il n'est pas mauvais de s'éloigner de la rive le regard tourné vers ceux qui y restent.

C'est donc sans pincement au cœur que j'ai porté un toast aux époux ; je l'ai porté avec discrétion et en y associant les Aguiar, qui m'en ont su gré. Rita m'a dit, pendant que nous revenions de la Petite Plage, que j'avais trouvé des mots délicieux. Je lui ai avoué que mes paroles eussent été mieux adaptées à la situation si je m'étais contenté de paraphraser Bernardim Ribeiro* : "Veuve et fiancée m'ont arraché à la maison de mes pères, et entraîné en terres lointaines…" Mais

* Écrivain portugais (1482 ?–1552 ?) auteur d'élégies et d'un célèbre court roman sentimental, *Menina e Moça*.

au fait la phrase eût risqué non seulement d'évoquer le premier mari, mais aussi de faire penser à des terres plus lointaines que Pétropolis, ce qui eût fait passer une ombre sur cette si belle fête.

Finalement, j'ai eu raison de m'en tenir à mes mots délicieux, ai-je conclu modestement.

26 mai

Ces derniers temps, je ne suis sorti que pour aller chez les Aguiar, qui semblent me prendre de plus en plus en affection. Ils sont heureux, échangent des nouvelles avec leurs enfants d'emprunt, qui descendront d'ailleurs la semaine prochaine rien que pour les embrasser, et remonteront le soir même.

À Pétropolis, il y a eu des pluies, mais aussi de belles journées, et les lettres de Fidélia font des uns et des autres des évocations également charmantes. Le charme est peut-être à mettre au compte de l'état conjugal. Nous nous projetons sur les choses qui nous entourent, leur prêtant une âme amère ou douce qui est le reflet de la nôtre, de ses états passagers ou durables – et les lettres de Fidélia sont toute douceur. Dona Carmo m'a fait lire hier la dernière, quatre pages d'une écriture fine et serrée. La tendresse n'y exclut pas la discrétion, et celle-ci n'enlève rien à celle-là. À la fin de sa lettre, Fidélia suggère l'idée d'un départ à quatre pour l'Europe, ou même à trois si Aguiar ne peut abandonner la Banque. La vieille dame a répondu que ce n'était pas possible pour le moment.

– Ni pour le moment ni jamais, m'a-t-elle confié en repliant la lettre. Je suis fatiguée, Conseiller, je suis faible et à demi malade. Les voyages ne sont plus pour moi.

– Les voyages nous donnent santé et force, ai-je avancé. On se porte mieux en voyage, on y est plus vaillant.

– À un autre âge, peut-être ; au mien, c'est désormais exclu.

Un silence a suivi, pendant lequel Aguiar a jeté à la dérobée un regard vers sa femme, elle vers lui, et moi vers l'un, puis l'autre. Un voisin est entré et nous avons parlé d'autre chose.

Vendredi

Tristan et Fidélia sont descendus aujourd'hui, Aguiar est allé les chercher à la Petite Plage, d'où ils sont venus directement déjeuner à Flamengo ; Dona Carmo les attendait et les a serrés tendrement dans ses bras. L'après-midi, Aguiar a tenu à quitter la Banque pour aller à la Petite Plage à l'heure du bateau pour Pétropolis.

J'ai appris tout cela le soir, de la bouche de mes vieux amis, et aussi que Dona Carmo et les jeunes gens avaient passé une journée absolument délicieuse. Ce n'est pas le mot qu'elle a employé : j'ai déjà dit ailleurs que le style emphatique lui est étranger ; mais il résume fort bien tous ses propos.

Ses enfants et elle ont bavardé de bien des choses, de Pétropolis, de musique, de peinture ; les mariés se sont mis au piano, puis tous trois sont descendus sur la plage. C'est là que Fidélia a repris l'idée, déjà émise par lettre, d'un voyage en Europe, idée que Dona Carmo a écartée en alléguant fatigue et faiblesse. Fidélia a alors précisé ce que serait le voyage : première étape, Lisbonne, pour voir la mère de Tristan ; puis Paris et, si l'on en avait le temps, l'Italie ; on partirait en août ou septembre, et en décembre on serait de retour.

– Peu importe la durée, ma fille ; que le voyage soit court ou long, une fois partie j'irais bien jusqu'au bout. Mais mon vieux corps n'en peut plus ; et puis, Aguiar restant ici, qui prendrait soin de lui ?

– Alors qu'il vienne aussi, a plaidé Tristan.

– Cette année, non, il ne peut pas.

Ainsi s'est poursuivie la conversation tandis qu'ils avançaient au long de la plage, là où la mer, en se retirant, avait l'air de les inviter à s'abandonner à elle jusqu'à gagner, comme dit le poète, "le port de l'illustre Ithaque". Dona Carmo a fait une autre proposition : pourquoi ne pas remettre le voyage à l'année prochaine, ainsi Aguiar pourrait venir aussi. Ils n'ont pas répondu.

– Moi aussi, j'aurais refusé, m'a dit Aguiar le soir, en me racontant l'affaire. C'est ce que j'ai indiqué aux deux époux à la Petite Plage, quand je suis allé les mettre au bateau. Moi non plus, je ne me séparerais pas de Carmo.

11 juin

Hier, rencontré pour la première fois les jeunes mariés en ville, par hasard, rue de l'Ouvidor, à deux heures de l'après-midi ; ils allaient faire leurs emplettes. J'ai eu plaisir à les entendre, et plus encore à la voir. Dans la grâce avec laquelle elle donnait le bras à son mari et avançait doucement dans la rue, il y avait un je ne sais quoi qu'on ne lui voyait pas avant son mariage, une sorte de plénitude : effet du mariage et du bonheur. Ils allaient, écoutant, parlant, s'arrêtant devant les vitrines.

Ils descendent définitivement de Pétropolis le vingt de ce mois et s'embarquent pour Lisbonne dans les premiers jours d'août ; ils en repartiront très vite pour d'autres pays.

– Pourquoi ne pas nous suivre, Conseiller ? m'a demandé Tristan.

– Après tant de pérégrinations ? Il me reste à peine assez de temps pour mes retrouvailles avec *notre* terre.

Je souligne ici ce *notre* parce que j'ai à demi souligné le mot en le prononçant ; mais souligné ou non, je crois qu'il ne l'a même pas entendu. Il couvait du regard son épouse, comme s'il anticipait déjà le voyage projeté ; puis ils ont descendu la rue, avec la même grâce nonchalante.

25 juin

Campos et Aguiar souhaitaient l'un et l'autre loger le jeune couple, en faisant valoir qu'il restait bien peu de temps avant qu'ils ne s'embarquent. Tristan et Fidélia ont refusé et sont descendus à l'hôtel des Étrangers. Ils ont invoqué à leur tour cette même raison de la brièveté de leur séjour ; je crois qu'ils le disaient de bonne foi – mais souhaitaient surtout ne donner la préférence ni à l'un ni à l'autre.

– Nous passerons ces derniers jours dans l'une et l'autre maison, alternativement, a proposé Tristan.

– Non, pour cela non, a répliqué le Conseiller ; nous nous retrouverons tous à Flamengo.

C'était naturel et de toute courtoisie, puisqu'il est seul et Aguiar marié. Ainsi font-ils depuis le vingt, jour de leur retour de Pétropolis ; c'est là que je les ai vus hier, pour la Saint-Jean.

Je ne note pas ce dont j'ai été témoin, il serait trop long d'essayer de tout dire. Je les ai vus heureux d'être ensemble, tous les quatre. Dona Carmo paraissait masquer la tristesse du départ qui approche, ou la tempérer en pensant au retour : elle y a fait allusion sans cesse, à tout propos, comme pour en faire sentir plus intensément le caractère impératif. Ainsi ont passé, ont volé les heures. J'ai accompagné les époux jusqu'à leur hôtel avec Campos ; de là l'oncle est parti en direction de Botafogo, et moi du Catete.

29 juin

Ma dernière visite à Flamengo remonte au soir de la Saint-Jean ; j'y retournerai tout à l'heure, pour la Saint-Pierre et, si l'occasion s'en présente, nous parlerons encore de l'ancien temps.

30 juin

Je suis donc allé chez les Aguiar. Nous n'avons parlé ni de l'ancien temps ni du temps présent mais de l'avenir. Vers la fin de la soirée, j'ai fait remarquer que nous parlions tous, sauf les jeunes époux ; tous deux, alors, se sont mis à parler d'eux-mêmes, mais en tenant des propos confus, décousus, coupés de silences. De temps en temps, ils nourrissaient d'une syllabe la conversation et retombaient aussitôt dans un silence total. Ils se sont mis au piano. Ils se sont levés pour aller parler entre eux dans l'embrasure de la fenêtre. Nous seuls, les quatre vieux – les Aguiar, le Conseiller et moi –, faisions des plans d'avenir.

Il est certain que Dona Carmo a jeté quelquefois sur les époux un regard inquiet, comme pour leur demander quelle place ils choisiraient de tenir dans ce futur qu'elle et nous tentions d'imaginer ; mais la crainte de troubler leur bonheur lui fermait la bouche, et la sainte femme se contentait de les regarder et de les aimer. À l'heure du thé, la conversation est devenue générale, et Tristan a parlé de Lisbonne, de la vie politique, des distractions qu'offre la ville.

Sur le chemin du retour, une question m'a traversé l'esprit, indiscrète, certes, mais qu'heureusement j'ai gardée pour moi ; c'est à peine si j'ose la confier à ce papier. Je me suis demandé si Fidélia était retournée au cimetière depuis son mariage. Oui ? Non ? Les deux sont possibles. Si c'est non, je ne l'en critiquerai pas : une âme peut se révéler trop étroite pour deux grands attachements. Si c'est oui, je ne le lui reprocherai pas, au contraire : les morts peuvent fort bien lutter avec les vivants, sans l'emporter totalement sur eux.

Sans date

Aujourd'hui les Aguiar ont donné leur dernière réception et j'ai tenu à prendre congé des voyageurs, qui embarquent après-demain. Amis et connaissances en assez grand nombre, et parmi eux Faria et Dona Césaria, accompagnés de la veuve du contrôleur Miranda, très éprouvée. L'ambiance d'ailleurs n'était pas à la gaieté, chacun cherchant à adopter le ton de la maison, fortement mélancolique. Fidélia elle-même, aux côtés de ses amies, paraissait abattue ; à un moment, Rita s'est approchée et l'a entendue qui disait :

– Dona Carmo, pourquoi ne pas venir avec nous ? Il est encore temps d'acheter des billets, et s'il n'y a plus de places Tristan remettra son voyage à plus tard, par un autre bateau.

Dona Carmo a répété que c'était impossible, qu'elle se sentait fatiguée, sans courage.

– Mais le voyage ne fatigue pas et, dès votre arrivée là-bas, vous vous sentirez ragaillardie.

Rita a parlé dans le même sens que la jeune femme, toutes les deux ont insisté longuement ; en vain. Pour justifier son refus, Dona Carmo finissait toujours par invoquer la séparation d'avec son mari, argument usé et pourtant apparemment décisif. Rita a remarqué que les deux femmes étaient sincèrement désolées mais que Dona Carmo essayait de se raidir, alors que Fidélia ne parvenait pas à dominer son chagrin.

– Tu sais, frérot, je crois qu'elle peut encore faire annuler le voyage...

Nous revenions du bord de mer, la nuit était tombée ; ma sœur n'a donc pas pu voir mon geste d'incrédulité mais elle a dû le deviner, et s'est corrigée :

– Le faire annuler, non ; mais elle donnerait beaucoup pour n'avoir pas accepté de partir.

Elle m'a répété les termes dont Fidélia avait usé pour parler de Dona Carmo, l'appelant bonne et sainte, "une sainte femme".

J'avoue être revenu de là-bas chagriné ; j'aurais préféré ne pas assister à la soirée des Aguiar, ou me retirer plus tôt. Tristan doit venir ici demain, déjeuner avec moi.

Veille de l'embarquement

Tristan a tenu sa promesse, il est venu déjeuner vers les onze heures et demie. Il était triste – triste et silencieux. Je veux dire qu'il parlait à peine. Son silence ne me fournissant pas de meilleur sujet de conversation, je lui ai dit que je comprenais les regrets qu'il allait emporter demain – regret du pays natal, regret des personnes, et en particulier des deux êtres qui le chérissaient tellement. C'était une excellente occasion, pour lui, de me dire toute l'affection qu'il voue aux deux vieilles gens – ou plutôt de me le redire, car il m'en a déjà plusieurs fois fait la confidence ; l'occasion, aussi, de me faire connaître ses projets, les pays qu'il compte visiter, la date à laquelle sa belle épouse et lui comptent nous revenir. Or, pas un mot. Il a acquiescé d'un hochement de tête et est resté plongé dans le même silence qu'auparavant. Je crois qu'il n'a pas entendu la moitié de ce que je lui avais dit.

À la fin du déjeuner, au moment des cigares, il m'a donné à nouveau son adresse à Lisbonne, le nom du journal auquel il collabore et il était sur le point, m'a-t-il semblé, d'ajouter quelque chose mais il s'est repris et est retombé dans son mutisme. De mon côté, je respectais sa mélancolie et suivais des yeux, rêveusement, la fumée de mon cigare. Finalement, Tristan a pris congé.

– Nous ne nous reverrons plus ? m'a-t-il demandé.

– J'irai au quai Pharoux et peut-être monterai-je à bord.

– À demain donc, j'ai encore des courses à faire.

Je l'ai raccompagné jusqu'à l'escalier, il a commencé à descendre lentement, après m'avoir serré la main avec force. À mi-chemin, il s'est arrêté et est remonté.

– Vous savez, Conseiller, Fidélia et moi avons tout tenté pour que les deux anciens viennent avec nous, mais ils s'y refusent : elle dit qu'elle est lasse, lui qu'il ne veut pas se séparer d'elle, et l'un et l'autre ne pensent qu'à notre retour.

– Eh bien, revenez-nous très vite.

Tristan m'a jeté un regard lourd de sous-entendus et est rentré au salon, où je l'ai suivi.

– Écoutez, Conseiller, je vais vous faire une confidence que je n'ai faite ni ne ferai à personne ; je compte sur votre silence.

J'ai fait un geste d'assentiment. Tristan a tiré de sa poche un papier, l'a déplié et me l'a donné à lire. C'était un télégramme de son père, daté de la veille, l'informant que les élections allaient avoir lieu sous huitaine.

Nous sommes restés à nous regarder, silencieux l'un et l'autre et lui, m'a-t-il semblé, la mâchoire crispée. Quelques secondes ont passé, puis :

– Élection assurée, a-t-il dit. Les lettres me le faisaient déjà prévoir, mais je ne pensais pas que cela irait aussi vite. Je lui ai rendu le télégramme. Tristan m'a demandé à nouveau le secret avant d'ajouter :

– J'aurais voulu qu'ils viennent avec nous ; à bord, je leur aurais expliqué la situation, et le reste aurait été arrangé entre les deux dames – ou entre les trois, en comptant ma mère.

C'est Fidélia elle-même qui a eu l'idée de ce plan ; elle s'est employée à le réaliser, mais nous ne les avons pas convaincus ; ils attendent notre retour.

J'ai eu envie de lui dire que c'était espérer l'impossible, mais je me suis retenu. Comme Tristan n'ajoutait rien, j'ai éprouvé quelque gêne, mais il a fini par expliquer dans quelle intention il était venu se confier ainsi :

– Je vous ai tout dit pour que quelqu'un que nous estimons tous puisse un jour témoigner de ce que j'ai fait, de ce que j'ai tenté pour ne pas me séparer de mes parents de cœur ; sachez qu'il s'agit d'un échec. Que voulez-vous, Conseiller, la vie est ainsi, pleine d'obligations et de traverses imprévues...

Je ne sais ce qu'il a pu encore me dire ; une autre idée m'était venue, que j'ai gardée également pour moi, par discrétion. J'aurais voulu savoir si Fidélia était déjà au courant, pour le télégramme. Lui m'avait assuré ne l'avoir montré à personne, mais il est clair que sa femme et lui ne font qu'un et que la politique du secret s'appliquait aux autres, pas à elle.

18 juillet

Je reviens du bateau, j'étais monté à bord accompagner les époux avec le vieil Aguiar, le Conseiller Campos et quelques amis. Dona Carmo n'est pas allée au-delà du quai ; effondrée, elle ne pouvait retenir ses larmes. Elle est restée debout, immobile, à regarder la barque qui nous emmenait*, en agitant son mouchoir ; bientôt, la distance nous l'a fait perdre entièrement de vue.

---

* À l'époque, à Rio, les bateaux de fort tonnage ne pouvaient pas accoster ; ils mouillaient en rade.

Fidélia était réellement triste ; mais avec la mer, puis une autre terre où d'autres êtres l'accueilleraient, les ombres ne tarderaient pas à se dissiper. Et moi, sur la dunette du paquebot, je revoyais le cimetière, le tombeau, la silhouette aux mains jointes, et tout le reste. Au moment des adieux, Tristan a eu des paroles affectueuses et attristées à l'adresse d'Aguiar, et d'autres à transmettre à sa marraine ; à moi, il a demandé que je n'oublie pas ses parents d'emprunt, que j'aille les voir et les consoler. J'ai promis de le faire. Nous avons regagné la barque et nous sommes éloignés du navire.

J'ai embarqué, débarqué tant de fois que je devrais être blasé. Or je ne le suis pas. La situation ne me faisait pas personnellement souffrir, c'est vrai ; je regardais le vieil Aguiar et pensais à la vieille Dona Carmo. Quant au Conseiller, la séparation le peinait, mais sa nièce, à la dernière minute, lui avait arraché la promesse qu'il irait la voir l'année prochaine ; et lui ne s'était pas rendu compte que cette demande contredisait une autre promesse, celle que Fidélia lui avait faite de revenir à Rio de Janeiro à la fin de l'année.

Nous nous sommes séparés sur le quai. Aguiar est parti vers sa banque, je suis rentré à la maison, où j'écris ces lignes. Ce soir, j'irai à Flamengo, tenir la promesse faite à Tristan et Fidélia.

Je ne veux pas clore cette page sans noter que vient de se dresser devant moi l'image de Fidélia telle que je l'ai laissée à bord, moins les larmes. Elle s'est assise sur mon canapé et nous nous sommes regardés longuement, elle la grâce même, moi démentant Shelley de toutes mes forces, de toutes celles qui restent encore au sexagénaire. Et puis, assez ! Que je me soucie d'aller sans tarder rendre visite aux deux vieux.

Dix heures du soir

Je reviens de Flamengo. J'aurais voulu rester plus longtemps mais ils avaient besoin de se remettre de leurs émotions. Campos était là-bas aussi ; nous sommes partis ensemble de bonne heure, neuf heures et demie. Il n'a pas été question des voyageurs.

29 août

Un bateau est arrivé d'Europe, il a apporté des lettres de Lisbonne et des informations politiques. Les lettres étaient pleines de regrets, et les nouvelles, intéressantes ; le courrier, au reste, n'a été distribué que ce soir. Dans la rue, Aguiar m'avait dit ce que contenaient les lettres de Tristan et de Fidélia, plus celle que Dona Carmo a reçue de sa commère. Celle-ci s'y répandait en louanges sur sa belle-fille, qu'elle trouvait plus belle que sur ses photographies, et plus tendre que personne au monde, selon ses propres termes. De la part d'une belle-mère, cela ne m'a pas trop étonné, comme je l'ai dit à Dona Carmo, qui a souri avec complaisance, noyée dans une sorte d'attendrissement morbide. Nous n'étions que tous les trois, et grande était la nostalgie.

Peu après est arrivé Campos, l'air bouleversé ; en m'apercevant, il a manifesté le désir de me parler en particulier. Me prenant à part dans un coin du salon, il m'a dit avoir reçu une lettre de Tristan, qui s'est découvert déjà élu en arrivant à Lisbonne et lui demande de faire au mieux pour mettre les Aguiar au courant ; lui-même ne leur avait pas écrit pour leur éviter une émotion brutale. Que faire ? m'a demandé Campos.

– Il faudra de toute façon tout leur dire, ai-je répondu ; le plus tôt sera le mieux et nous sommes là, qui pouvons le faire avec tous les ménagements possibles.

– C'est aussi mon avis.

– J'inventerai bien quelque histoire…

Je n'ai pas inventé grand-chose. J'ai parlé du coup que le jeune homme avait reçu en débarquant député, en voyant la joie de ses parents et de ses amis politiques. J'avais prévu de leur dire également que le premier mouvement de Tristan avait été de refuser son mandat, et que seuls ses chefs, ses parents, le parti… Mais je n'ai pas pu continuer, cela aurait sonné trop faux. D'ailleurs, je n'en aurais pas eu le temps. Les deux vieux ont été foudroyés ; elle, silencieusement, a laissé échapper quelques larmes ; lui s'est employé à les essuyer.

Ainsi en a-t-il été du mensonge et de ses effets. Campos et moi nous sommes évertués à les réconforter. En mêlant raisonnements et métaphores, j'ai essayé de les convaincre que leurs enfants reviendraient à la fin de l'année ou au début de l'année prochaine ; suffirait à les décider, ai-je dit, la conscience de la douleur qu'ils causaient ici.

Dona Carmo semblait ne pas m'entendre, son mari non plus ; ils regardaient devant eux, loin devant eux, vers l'horizon où la vie présente se perd, où tout bientôt s'évanouit. Aguiar a pris la lettre que le Conseiller lui tendait ; il a lu en silence les mots que Tristan avait tracés et qui, même compte tenu du ton intentionnellement adopté, étaient chargés d'une vraie tristesse. D'un geste, Dona Carmo a demandé la lettre ; lui l'a rangée dans son portefeuille. La bonne vieille n'a pas insisté. Campos et moi sommes partis peu après.

30 août

Dehors (j'ai oublié de noter cela hier), dehors, en longeant la plage, nous avons parlé de la situation d'orphelins

– orphelins d'enfants et non de parents – qui est maintenant celle des deux vieux, et j'ai ajouté, en pensant au mari défunt :

– Conseiller, si les morts vont vite, pour les vieux tout va plus vite encore que pour les morts... Vive la jeunesse !

Campos ne m'a compris ni sur-le-champ ni complètement. J'ai dû alors préciser que je faisais allusion au défunt mari et aux deux vieux abandonnés par les deux jeunes, en concluant que la jeunesse a le droit de vivre et d'aimer, et de rompre avec ce qui est éteint ou caduc. Il n'a pas été d'accord, ce qui montre que même après mes explications il ne m'avait pas entièrement compris.

Sans date

Voilà six ou sept jours que je n'allais plus à Flamengo. Cet après-midi, l'idée m'est venue d'y passer avant de rentrer à la maison. J'ai fait le détour à pied. Ayant trouvé ouverte la porte du jardin, je l'ai franchie, mais pour m'arrêter aussitôt.

– Ils sont là, ai-je murmuré.

Au fond du jardin, devant la grande porte du vestibule, j'ai vu les deux vieux, qui se regardaient. Aguiar était adossé au vantail droit, les mains posées sur les genoux. Dona Carmo lui faisait face, les bras croisés à la ceinture. Je me suis demandé si j'allais avancer jusqu'à eux ou rebrousser chemin ; je suis resté ainsi immobile quelques secondes, puis j'ai reculé pas à pas. En repassant la porte pour regagner la rue, je les ai regardés ; ce que leur visage, leur attitude exprimaient, je ne trouve pas de mot exact, simple, pour le dire. Ils voulaient sourire, et pouvaient à peine se consoler. Leur seule consolation, c'était le souvenir nostalgique de leur vie.

BIBLIOTHÈQUE BRÉSILIENNE

Adolfo CAMINHA
Rue de la Miséricorde

Fernando Henrique CARDOSO
Les Idées à leur place

Lúcio CARDOSO
Chronique de la maison assassinée
Inácio

Bernardo CARVALHO
Mongolia
Neufs nuits

Euclides DA CUNHA
Hautes Terres

Maria Carolina DE JESÚS
Journal de Bitita

Rachel DE QUEIROZ
Maria Moura

Cyro DOS ANJOS
Belmiro (Belo Horizonte 1935)

Autran DOURADO
La Mort en effigie
Le Portail du monde

Carlos DRUMMOND DE ANDRADE
Conversation extraordinaire avec une dame de ma connaissance

João GUIMARÃES ROSA
Premières histoires

Evelyne HEUFFEL
L'Absente du Copacabana Palace

J.-M. MACHADO DE ASSIS
L'Aliéniste
Ce que les hommes appellent Amour
Dom Casmurro
Esaü et Jacob
Mémoires posthumes de Brás Cubas
La Montre en or
Quincas Borba

Betty MINDLIN
Fricassée de maris

Cornelio PENNA
La Petite Morte

Tabajara RUAS
La Fascination

Luiz RUFFATO
Tant et tant de chevaux
Des gens heureux

Herberto SALES
Les Visages du temps

Silviano SANTIAGO
Stella Manhattan

Antônio TORRES
Cette terre

Dalton TREVISAN
Le Vampire de Curitiba

Ariano SUASSUNA
La Pierre du royaume

Vinicius VIANNA
La Dernière Ligne

Suite brésilienne

Des nouvelles du Brésil (N°12)

Adolfo Caminha
Rue de la Miséricorde (N°131)

Lúcio Cardoso
Chronique de la maison assassinée (N°103)

Euclides Da Cunha
Hautes Terres (N°7)

Fernando Gabeira
Les Guérilleros sont fatigués (N°9)

J.-M. Machado de Assis
Le Philosophe ou le chien (*Quincas Borba,* N°4)
La Montre en or (N°10)
Mémoires posthumes de Brás Cubas (N°33)
Dom Casmurro et les yeux de ressac (N°51)
La Théorie du médaillon et autres contes (N°52)
L'Aliéniste (N°101)
Esaü et Jacob (N°104)

Hans Staden
Nus, féroces et anthropophages (N°102)

Marcio Souza
L'Empereur d'Amazonie (N°13)
Mad Maria (N°50)

Antônio Torres
Cette terre (N°64)

Dalton TREVISAN
Le Vampire de Curitiba (N°11)

Vinicius VIANNA
La Dernière Ligne (N°26)

Cet ouvrage a été composé par
Atlant'Communication
aux Sables-d'Olonne (Vendée)

Achevé d'imprimer sur les presses de

BUSSIÈRE

GROUPE CPI

à Saint-Amand-Montrond (Cher)
en février 2007

N° d'édition : 24130001 – N° d'impression : 070555/1
Dépôt légal : mars 2007

Imprimé en France